DU MÊME AUTEUR, AUX ÉDITIONS LEDUC.S

Stop au surmenage, c'est malin, 2016.
Dépenser moins, consommer mieux, c'est malin, 2016.
Comment briser la glace et se faire des amis, 2015.
Grands-parents et malins, 2014.

Maquette : Reskator

Deuxième impression (janvier 2017)
29, boulevard Raspail
75007 Paris – France
ISBN : 979-10-285-0077-1
ISBN : 2427-7150

FLORENCE LE BRAS

LA CHECK-LIST DE VOTRE MARIAGE

Inclus :
3 tableaux pour organiser au mieux votre mariage.
Rendez-vous à la dernière page !

POCHE
LEDUC.S

SOMMAIRE

INTRODUCTION

Vous venez de vous dire oui en tête-à-tête et vous êtes tout à votre bonheur. Vous voici à l'aube d'une vie nouvelle.

Votre premier objectif : organiser votre mariage. Beau challenge ! Vous voulez que ce grand jour vous ressemble, qu'il soit un souvenir magnifique pour tous les vôtres.

Aujourd'hui, on peut tout faire, ou presque. Ce qui ne simplifie pas les choix. Et le temps file vite. Vous courez déjà beaucoup et vous avez peu de temps.

Par quoi commencer ? **Comment :**

- organiser votre planning ?
- ne jamais être en retard ?
- tout prévoir à temps ?
- ne rien oublier, ni personne ?
- éviter le stress et profiter pleinement d'un des événements les plus heureux de votre vie ?

Vous avez besoin d'aide ? **Qui** peut :

- vous aider ?
- baliser le chemin ?
- vous éviter de perdre du temps et de l'énergie ?
- vous mettre à l'abri des oublis ?

Vous aimeriez être épaulés par un compagnon sûr qui vous conseille et vous mette en garde contre les petits et les grands problèmes que vous pourriez rencontrer ?

Ce livre est le résultat d'une expérience de terrain. Il est conçu pour vous accompagner dans l'organisation de votre mariage, du premier au dernier jour. Il est celui que nous aurions aimé avoir sous la main.

Comment utiliser ce livre ?

Nous avons choisi de vous présenter la check-list de votre mariage sur 12 mois parce que les lieux de réception sont souvent réservés un an à l'avance, surtout en été. Si vous organisez votre mariage chez vous, ou dans une résidence de votre famille ou de vos amis, l'échéancier peut être bien plus court.

Au début de chaque étape, nous avons prévu une check-list personnelle à cocher au fur et à mesure, pour que vous sachiez toujours où vous en êtes, d'un simple coup d'œil. En fin de chapitre, vous pourrez également y mettre toutes vos notes personnelles (personnes à rappeler, détails importants, etc.).

L'index en fin de livre répertorie tous les sujets traités avec indication des pages correspondantes.

Le compte à rebours commence. Nous vous souhaitons des années-lumière de bonheur et, pour commencer, quelques mois de préparatifs en toute sérénité.

J – 12 MOIS

Ce mois-ci :

- ❑ Vous annoncez la nouvelle à vos familles
- ❑ Vous organisez la rencontre entre vos familles
- ❑ Vous célébrez vos fiançailles
- ❑ Vous prévoyez votre budget mariage
- ❑ Vous arrêtez une date pour votre mariage
- ❑ Vous ouvrez votre dossier mariage
- ❑ Vous définissez le style de votre mariage
- ❑ Vous vous répartissez les tâches
- ❑ Vous faites la liste des invités
- ❑ Et si vous faisiez appel à un *wedding planner* ?
- ❑ Vous repérez le lieu du mariage
- ❑ Vous pensez (déjà) à la location de voitures

C'est décidé, vous allez faire votre vie ensemble. Votre première entreprise de couple : procéder à l'organisation de votre mariage. Une belle aventure qui demande organisation, imagination et diplomatie. C'est parti !

Vous annoncez la nouvelle à vos familles

C'est la première démarche à faire, avant même de prévenir vos meilleurs amis. Imaginez que votre mère apprenne la nouvelle par l'indiscrétion de l'une de vos copines qui la rencontre dans la rue !

1. À qui en premier ?

Le savoir-vivre a du bon quand il donne des réponses sans ambiguïté à des questions épineuses. On prévient d'abord les parents de la fille et ensuite les parents du garçon. Parents séparés ? D'abord les mères, ensuite les pères.

2. Comment ?

De vive voix, c'est plus facile et plus agréable pour tout le monde. Le mieux est de réunir vos parents, vos frères et sœurs, pour un pot chez vous, un soir ou bien vous pouvez profiter d'un dîner ou d'un déjeuner du dimanche chez vos parents, par exemple.

3. Le bon ton

Le temps où le prétendant allait « faire sa demande » à son futur beau-père avec un bouquet de fleurs et des gants « beurre frais » est révolu. Adaptez-vous à vos familles respectives. Si les parents de Mademoiselle sont hyperconventionnels, faites une « demande » en règle, même si votre fiancée est majeure et autonome depuis longtemps. Sans fleurs et sans gants, mais prenez votre futur beau-père en aparté et dites-lui que vous lui demandez la main de sa fille. Il estimera, à juste titre, que vous avez une éducation raffinée, ce qui est aujourd'hui un *must* incontestable.

Moins protocolaire, l'annonce générale :

- « La nouvelle ne va sans doute pas vous étonner, Marine et moi avons décidé de nous marier. »
- « Nous voulions vous annoncer que nous allons nous marier. »

Vous pouvez aussi annoncer l'événement avec humour. À vous de juger si cela sera apprécié.

- « Madame, vous préférez que je vous appelle Belle-Maman, Mère, ou Sylvie ? »
- « Vous avez des projets en juin prochain ? Car nous aimerions bien nous marier à cette période-là. »

4. Faire face aux réactions

Si vos familles connaissent l'élu(e) de votre cœur depuis longtemps, si vous vivez ensemble, il y a des chances pour que l'annonce de votre mariage ne soit pas une surprise. Félicitations, embrassades, larmes à l'œil, champagne, tout le monde fête l'événement.

Si vous sentez une réticence de la part de vos parents, ne polémiquez pas, ne provoquez pas. Il est toujours douloureux d'aller au clash. Même si les relations sont tendues, espérez que le temps et surtout les petits-enfants à venir vont aplanir les difficultés.

5. Comment l'annoncer à vos enfants

Si vos enfants sont en âge de comprendre que vous allez refaire votre vie, vous devez leur annoncer votre mariage avec précaution. Votre message dépendra à la fois de leur âge et de la qualité des relations qu'ils entretiennent avec votre futur conjoint. Ménagez au maximum leur affectivité : ils ne doivent pas imaginer qu'ils perdront leur place dans votre cœur. Mais ils doivent aussi comprendre que vous avez le droit d'avoir une vie personnelle.

Vous organisez la rencontre entre vos familles

Il est souhaitable que vos parents et vos frères et sœurs se rencontrent avant même d'organiser des fiançailles. Souhaitable n'est pas indispensable. Si vos familles ont le même style de vie, les mêmes centres d'intérêt, elles ont des chances de bien s'entendre. Si les différences de culture, d'environnement ou de style de vie sont importantes, à vous de juger.

1. Comment ?

Organisez un apéritif chez vous, en fin de journée, un week-end. Ce type de réception informelle permet plus de mobilité qu'un repas assis, surtout si vos fratries sont grandes.

2. Les convenances

Jusqu'à la fin du xxe siècle, l'usage voulait que la mère du marié joigne la mère de la mariée par téléphone pour se présenter. Cette dernière devait alors prendre l'initiative d'inviter à dîner les parents du garçon afin de faire connaissance et de commencer à discuter des fiançailles et de l'organisation du mariage. Voilà pour les convenances. Aujourd'hui, le plus souvent, les contacts sont informels. Choisissez ce qui vous semble préférable en fonction de la personnalité de vos parents respectifs.

3. Le but du jeu

C'est de prendre contact. Tant mieux si des relations amicales s'instaurent entre les belles-familles. Et si ce n'est pas le cas, tant pis. Ce qui compte, c'est votre bonheur à vous deux. La question de l'organisation de votre mariage sera bien sûr évoquée. Chacun donnera probablement son avis. De bonnes idées peuvent jaillir de cette discussion. Retenez-les.

Comment freiner des parents trop… coopératifs

Vos parents sont ravis de la bonne nouvelle et sont prêts à vous aider à organiser votre mariage. Tant mieux. On a dit « aider » et non pas imposer leurs goûts. Maman et Belle-Maman manifestent déjà des idées très arrêtées sur tout ? Prenez note et faites-leur comprendre gentiment, diplomatiquement mais fermement que vous allez en parler en couple et que vous déciderez ensuite, en couple.

☑ Vous célébrez vos fiançailles

Bonne nouvelle, les fiançailles reviennent à la mode.

Les fiançailles étaient, depuis les temps bibliques, une période de réflexion, pendant laquelle les futurs époux apprenaient à se connaître… et à se résigner si l'époux ou l'épouse qu'on leur destinait ne leur convenait pas. Autres temps, autres mœurs.

Les jeunes gens vivant en couple, le plus souvent, avant de se marier, cette coutume avait presque disparu. Le terme « fiancé » nommait le concubin du moment, perdant ainsi toute signification symbolique. Aujourd'hui, on considère les fiançailles comme un engagement vis-à-vis de la famille, des amis, et de la société. Engagement à s'épouser, à consacrer sa vie à celui ou celle qu'on a choisi(e). Une preuve d'amour, une première étape vers l'officialisation de votre union.

1. En tête-à-tête ou on fait la fête ?

Les fiançailles sont du domaine privé et ne nécessitent aucune démarche. De ce fait, vous faites ce que vous voulez… Échange de cadeaux en tête-à-tête chez vous, dans un restaurant, ou dans un lieu qui vous plaît, le sommet d'une montagne ou d'une dune, une plage à la lueur de la pleine lune, ou grande fête avec les copains après un dîner familial… À voir selon vos envies et votre budget. Mais il y a les usages, auxquels vos familles sont peut-être attachées.

2. Que dit la coutume ?

Si vous voulez vous en tenir aux usages, voici ce que prévoient les manuels de savoir-vivre :

- Les fiançailles sont célébrées entre 1 an et 3 mois avant la date du mariage.
- La réception a lieu chez les parents de la fiancée qui en assument les frais. Elle prend la forme d'un dîner assis ou d'un buffet dînatoire debout en fonction du nombre des invités et de la taille de la maison ou de l'appartement. C'est le moment de sortir les nappes damassées (pas de couleur pour la circonstance, que du blanc !), les cristaux, l'argenterie et la belle vaisselle. La réception a lieu le week-end, le midi ou le soir, selon vos préférences. Autre possibilité : le repas, déjeuner ou dîner, au restaurant, pratique pour éviter un gros travail à la mère de la fiancée. Mais plus impersonnel.
- Cette réception réunit les deux familles, parents, grands-parents, frères et sœurs, oncles et tantes, cousins, parrains et marraines des fiancés… que l'on invite par téléphone. Si vous avez le temps, confirmez par une petite carte en rappelant l'adresse et le code de l'immeuble.
- Les couples catholiques croyants et pratiquants peuvent demander une bénédiction au prêtre de leur paroisse au cours de la messe dominicale avant la réception.

SOS famille recomposée

La situation est parfois délicate avec les familles recomposées. Faut-il inviter la nouvelle femme de votre père que votre mère déteste ? Et si votre père menace de ne pas venir si elle n'est pas conviée ? Et si votre mère refuse de venir si elle vient ? On peut espérer que les parents auront à cœur de « jouer le jeu » pour le bonheur de leur enfant et sauront mettre de côté, pour l'occasion, leurs rancunes et leurs griefs.
Cette réunion de famille ne doit pas être stressante et encore moins donner lieu à des disputes. Évaluez les risques. Attention au plan de table : placez les ex-époux en conflit loin l'un de l'autre. Une bonne formule consiste à faire un repas par tables de 8, en les éloignant au maximum, ou un buffet où tout le monde peut s'éviter comme il l'entend.

- La fiancée porte une robe de couleur claire, les autres femmes des robes habillées, les hommes portent complet et cravate.
- Le fiancé passe la bague à l'annulaire de la main gauche de sa future épouse en tête-à-tête avant le dîner, ou bien devant les invités réunis. Elle lui remet ensuite le présent qu'elle a choisi pour lui.

Fiançailles classiques et modernes

Pensez-y : rien ne vous empêche de respecter à la lettre la tradition des fiançailles en famille et d'aller ensuite danser avec vos amis, ou d'organiser le lendemain une fête chez vous avec les copains.

3. La bague de fiançailles

C'est au xve siècle que la tradition de la bague de fiançailles s'établit d'abord dans la noblesse, puis dans la bourgeoisie. C'est le fiancé qui offre la bague, ou sa famille lorsqu'elle possède des bijoux anciens.

- Le fiancé choisit lui-même la bague : orientez diplomatiquement son choix vers la pierre ou le style de bague que vous préférez. Le plus simple est qu'il aille faire un repérage dans une bijouterie, qu'il fasse une sélection de plusieurs modèles en fonction de son budget et qu'il revienne avec vous afin que vous choisissiez ensemble.
- La belle-famille a des bijoux : il est tout à fait normal qu'on vous propose de porter la bague de tante Agathe, nettoyée, polie et éventuellement remontée. Et si la bague ne vous plaît pas ? Difficile de jouer les enfants gâtées. Acceptez une nouvelle monture, moderne, qui lui donnera une tout autre allure.
- Vous adorez les bagues anciennes : allez voir les antiquaires, chinez et vous découvrirez certainement le bijou de vos rêves.
- Le diamant est le favori de la grande majorité des femmes, monté en solitaire ou avec des pierres de couleur. Le poids du diamant est calculé en carats. Plusieurs facteurs interviennent dans le prix d'un diamant : son poids, mais aussi sa taille, sa pureté et son « eau » c'est-à-dire sa couleur plus ou moins bleutée, jaune ou blanche. Les grands joailliers ont tous des lignes de bagues de fiançailles dont certains modèles allient les diamants et les pierres précieuses comme le

saphir (bleu), l'émeraude (verte), le rubis (rouge) ou des pierres semi-précieuses comme le grenat (rouge plus ou moins foncé), l'améthyste (violet), l'aigue-marine (bleu clair), le lapis-lazuli (bleu roi), la citrine (jaune), la topaze (jaune, brun, orangé, rose, rouge, vert ou bleu), la tourmaline (rose, rouge, vert, bleu) ou encore l'onyx (noir)… Évitez les perles, certains superstitieux pensent qu'elles présagent des larmes.

Pensez-y !

Une bague de fiançailles se porte en principe au quotidien pendant toute une vie. Attention donc aux bagues fragiles qu'il vous faudra retirer souvent, pour faire la vaisselle ou pour langer Bébé, par exemple ; aux bagues montées en hauteur, qui accrochent ; ou aux bagues originales dont vous risquez de vous lasser.

Pensez-y aussi !

Au moment de l'achat de la bague, demandez au joaillier :

- un certificat attestant la valeur de la pierre ;
- une facture indiquant le prix ;
- une photo de la bague.

Ces documents sont utiles pour votre compagnie d'assurances en cas de cambriolage.

4. Quoi lui offrir ?

Un bijou qu'il gardera lui aussi toute sa vie : une montre ou des boutons de manchette, une chaînette ou une chevalière, un stylo avec une plume en or… Évitez les cadeaux comme les vêtements, un GPS, ou un abonnement au stade de football, un peu trop éloignés de la symbolique « amour toujours ».

L'annonce des fiançailles dans la presse

Si vous (ou vos parents) avez beaucoup de relations, un encart dans la presse peut être utile. Côté texte, le classique est de rigueur. Voici quelques formules.

Aude LENOIR et Laurent DUPONT sont heureux d'annoncer leurs fiançailles le…

On nous prie d'annoncer les fiançailles de Melle Aude LENOIR, fille de M. Pierre LENOIR et de Mme née Brigitte DURAND avec M. Laurent DUPONT, fils de M. Yves DUPONT et de Mme née Catherine MARTIN.

M. Pierre LENOIR et Mme, née Brigitte DURAND
M. Yves DUPONT et Mme, née Catherine MARTIN
Sont heureux d'annoncer les fiançailles de leurs enfants
Aude et Laurent.

5. Toujours les usages…

Le fiancé fait livrer des fleurs blanches ou pastel à sa bien-aimée chez ses parents le matin de la réception. Les invités offrent des fleurs ou des cadeaux en rapport avec le futur foyer. Mais on admet très bien aujourd'hui une enveloppe contenant un chèque ou quelques billets.

Le plan de table respecte ces principes : les fiancés sont côte à côte, les parents de la fiancée qui reçoivent se font face et prennent à leur droite le père et la mère du fiancé et à leur gauche les grands-parents.

☑ Vous prévoyez votre budget mariage

Les frais de réception du mariage sont aujourd'hui partagés en trois, au prorata du nombre d'invités de chaque couple : les parents de la fiancée, les parents du fiancé et les futurs mariés. Voilà pour le principe. À revoir en fonction des moyens financiers des uns et des autres. Les parents peuvent faire cadeau de tout ou partie de leur quote-part aux enfants. Les enfants peuvent aussi s'acquitter de tout ou partie de celle de leurs parents. En tout cas, veillez à ce que tout soit bien clair pour tout le monde. Vous éviterez ainsi des situations difficiles lorsqu'il faudra payer une facture. Centralisez la tenue du compte mariage et veillez à ce que les comptes s'équilibrent entre les familles. Les bons comptes font les bons amis, ne l'oubliez pas.

1. Qui paye quoi (en principe) ?

Il est d'usage de répartir les frais ainsi :

Le marié ou ses parents

- Le bouquet de la mariée, les boutonnières
- Les alliances
- L'enveloppe pour les œuvres de la mairie
- L'église et l'organiste

Les parents de la mariée

- La robe de mariée
- Les tenues des enfants d'honneur

À partager

- Les frais d'impression et d'envoi des faire-part
- Les frais de réception, de location de matériel
- La décoration florale
- Le photographe
- Le DJ

Déséquilibre budgétaire

Tenez compte de l'éventuelle disparité entre les revenus de vos familles. Vous avez un budget prévisionnel de 40 000 euros pour l'ensemble de votre mariage. Vous savez que vos parents (ou vos beaux-parents) ne pourront assumer leur quote-part de cette somme. Que faire ? Renoncer au cadre que vous aimez tant ? Proposer à vos parents ou vos beaux-parents, au risque de les blesser de prendre en charge une partie de leur quote-part ? Avant de vous engager dans la réservation, discutez franchement. À vous de connaître la sensibilité de vos familles respectives.

2. Comment faire des prévisions ?

Fixez, à partir de vos disponibilités présentes et de vos possibilités d'épargne dans les mois à venir, la somme à consacrer à votre mariage (soyez prudents, pensez aux impondérables du style panne de voiture à réparer, etc.).

Demandez franchement à vos familles quelle sera la hauteur de leur participation. Vous obtiendrez un montant global. Voyez ensuite les différents « postes » (voir tableau p. 23), en sachant que celui de la réception sera le plus élevé. Si votre budget est serré, sélectionnez ce qui vous paraît le plus important.

3. Les possibilités de prêts

Vous ne voulez pas abandonner votre idée de mariage fastueux alors que vos finances ne sont pas au beau fixe ? Vous pouvez envisager un prêt. Les banques proposent des prêts bancaires sans avoir à justifier de leur utilisation. C'est votre conseiller bancaire qui vous donnera le feu vert en fonction de la somme empruntée et de vos capacités mensuelles de remboursement. Attention, pensez aussi à l'après-mariage et ne vous endettez pas sur une durée trop longue.

Possible aussi, parfois : le prêt à taux 0 %, c'est-à-dire sans intérêts, que peuvent consentir vos proches. Mais insistez pour faire une reconnaissance de dette, et mettez un point d'honneur à rembourser dans les délais que vous avez prévus.

Budget prévisionnel	
faire-part	
réception	
champagne	
organiste	
livrets messe	
menus	
timbres faire-part	
voiture mariés	
décoration florale	
DJ	
photographe	
boutonnières	
prêtre	
bouquet de la mariée	
tenue de la mariée	
tenue du marié	
enfants d'honneur	
cartes de remerciements	
timbres remerciements	
location matériel	
orchestre	
décorations tables	

☑ Vous arrêtez une date pour votre mariage

Vous avez certainement une préférence pour la date de votre mariage. L'été, entre début juin et fin septembre, est la période préférée. L'automne, l'hiver et le début du printemps sont plutôt recherchés par les citadins. En principe, l'usage veut qu'on ne se marie pas pendant le carême, ni en mai, mois consacré à la Vierge Marie, lorsqu'on est catholique. Mais l'Église est devenue très tolérante à ce sujet.

Certaines périodes de l'année sont à éviter si vous voulez avoir le maximum de chances que vos invités soient présents :

- Les samedis inclus dans les « ponts » : 1er mai, 8 mai, Ascension, Pentecôte, 1er et 11 novembre, Noël, jour de l'An…
- Entre le 14 juillet et la fin août.

Mais sachez que vous ne pourrez arrêter définitivement la date de votre mariage que lorsque vous aurez trouvé le lieu de réception et après vous être assurés de ses disponibilités. Il faut parfois repousser un mariage d'un an si l'on désire un cadre particulièrement prisé.

☑ Vous ouvrez votre dossier mariage

Pendant les mois à venir, vous allez prendre des contacts, recevoir des documents, envoyer des papiers, faire des listes, prendre des notes… Centralisez tout dans un même dossier, ou dans un carton si les documents sont volumineux.

1. Une chemise par thème

Classez vos notes, vos contacts, les devis, les catalogues, etc., par thème pour pouvoir trouver sans perdre de temps les infos dont vous avez besoin.

2. Ce livre comme « fil conducteur »

Notez sur les pages prévues à cet effet à la fin de chaque chapitre et en fin d'ouvrage l'avancement de vos démarches, vos rendez-vous, vos commentaires. Ajoutez des « post-it » si besoin. Gardez-le à portée de la main comme compagnon de route et après votre mariage, en souvenir.

☑ Vous définissez le style de votre mariage

Voici l'étape qui détermine toute la suite de l'organisation de l'événement. Prenez le temps d'y réfléchir ensemble posément, mais ne tardez pas trop car, ce mois-ci, il faut prendre une grande décision : choisir le lieu de la cérémonie et de la réception qui suivra.

1. Vos envies

Votre mariage doit vous ressembler, être l'écho de vos personnalités et de vos goûts. Notez toutes vos envies, vos idées, feuilletez les magazines dédiés au mariage, laissez-vous aller à rêver un peu. Puis revenez vite sur terre pour prendre en considération les critères objectifs et juger de la faisabilité de vos projets.

2. Les circonstances

Elles ont une incidence directe sur le style de votre mariage :

- Premier mariage ou remariage ? On donne en général une réception plus intime pour des secondes noces.

- Grande famille ou peu de parents ? Beaucoup d'amis à réunir ou petit comité ? Le nombre des invités en dépend.
- Maison de vacances familiale accueillante ? Manoir, chalet ? Si vos proches disposent d'un lieu agréable, pourquoi ne pas en profiter ?

Bons plans pour faire des économies

- Mariez-vous en basse saison : en hiver les prix de location des lieux et les prix des prestataires sont en général inférieurs de 15 à 20 %.
- Mariez-vous un vendredi plutôt qu'un samedi, les prix sont revus à la baisse en semaine.
- Faites faire le service par des élèves d'une école hôtelière.
- Passez de la musique enregistrée sur CD, vous économiserez le DJ.
- Réalisez vous-même vos faire-part, la décoration des tables et la décoration florale.
- Faites faire votre robe de mariée par une amie adroite de ses mains.
- Faites vous-même vos soins esthétiques, votre coiffure, votre manucure et votre maquillage.

3. Le budget

L'argent est le nerf de la guerre, dit-on. Il est aussi un des éléments déterminants dans le choix du style de votre mariage. Un budget serré ne permet pas un mariage digne des contes de fées avec Rolls et animations grandioses. Heureusement, on n'a pas besoin de tant de somptuosité pour être heureux ! Certains jeunes couples préfèrent attendre un an de plus pour se marier, le temps de faire des économies pour la fête. Vous pouvez aussi, si vous êtes assez disponibles, inventifs et débrouillards, faire beaucoup de choses vous-mêmes. Cernez bien vos possibilités financières avant de faire des projets.

4. Le contexte

Si vous tenez absolument à ce que votre arrière-grand-mère nonagénaire assiste à votre mariage, évitez de prévoir une cérémonie sur un atoll polynésien. Plus sérieusement, sachez qu'une cérémonie dans un pays étranger, ou à certaines dates proches de fêtes ou en période de vacances, peut réduire très sensiblement le nombre de convives. D'autre part, pensez aux complications pour les préparatifs de la cérémonie : vous devrez vous rendre sur place plusieurs fois en quelques mois, ce qui demande de la disponibilité et engendre des frais non négligeables.

5. La saison

La grande majorité des mariages a lieu entre juin et septembre. L'air est doux, la température clémente, les jardins fleuris et les visages hâlés. On prend l'apéritif dehors, on se promène au clair de lune, on brunche le lendemain en plein air… Mais les lieux de réception agréables sont pris d'assaut, les prix des prestataires grimpent, tout le monde n'est pas libre, car les réceptions se multiplient sur ces quelques week-ends ensoleillés. Un mariage en hiver peut avoir du charme à condition de bien choisir le cadre et le décor et de faciliter les transports des invités découragés par le mauvais temps. Un avantage : les prix sont beaucoup moins élevés qu'en été, et tous les prestataires sont plus disponibles.

Quelques scénarios pour un mariage

Mariage civil exclusif

- Cérémonie à la mairie le matin, déjeuner strictement familial dans un restaurant, soirée dans une boîte avec les amis.
- Cérémonie à la mairie l'après-midi, dîner et soirée avec famille et amis.

Mariage civil et cérémonie religieuse

- Mariage civil suivi une heure plus tard de la cérémonie religieuse, cocktail, dîner et soirée avec famille et amis.
- Cérémonie à la mairie le matin, déjeuner strictement familial. Cérémonie religieuse l'après-midi, cocktail avec famille et amis.
- Cérémonie à la mairie deux mois avant le mariage religieux, en fin de matinée, suivie d'un buffet avec famille, témoins et amis proches. Cérémonie religieuse deux mois plus tard, dans l'après-midi, suivie d'une réception classique.

6. L'avis des parents

Si vous êtes jeunes, étudiants, si vos revenus ne vous permettent pas d'envisager de financer votre mariage, ce sont sans doute vos parents qui en assumeront les frais. Difficile donc de leur imposer vos choix. Donnez-leur vos préférences avec un maximum de diplomatie. On peut espérer qu'ils en tiendront compte.

7. La mode

Se marier à Marrakech, c'est très tendance aujourd'hui. Ce fut Las Vegas, voici quelques années. Serez-vous *fashion victim* ?

☑ Vous vous répartissez les tâches

Vous bossez tous les deux, vos agendas sont remplis, pas question que l'un se décharge de tout sur l'autre. Répartissez-vous les tâches, en fonction de vos emplois du temps, mais aussi de vos préférences. Certaines choses se font à deux, d'autres en solo. Faites un briefing, un ou deux soirs par semaine, pour savoir où vous en êtes et qui fait quoi.

Cette check-list a été, pour raisons de commodité, partagée en mois, puis en semaines, afin que vous soyez prêts sans stress le jour J. Vous pouvez bien sûr l'aménager. Mais si vous souhaitez passer une année décontractée, vous accorder, malgré la préparation de votre mariage, des week-ends reposants, ne prenez pas trop de retard.

☑ Vous faites la liste des invités

Le nombre d'invités permettra de choisir le lieu de réception, et d'établir le budget prévisionnel de votre mariage.

Tout dépend de l'ampleur de votre famille, du nombre de vos amis, et de la nécessité éventuelle pour vous d'inviter aussi vos relations professionnelles. Faites une première liste assez exhaustive.

1. Réfléchissez bien

Il ne suffit pas, pour dresser cette liste, d'ouvrir votre carnet d'adresses. Car l'affaire est plus délicate. Jugez-en vous-même :

- Vous invitez bien sûr Nicolas, ce bon copain d'enfance. Mais allez-vous inviter aussi son ex-compagne que vous aimez bien ? Risque-t-il de se vexer ? D'en être blessé ? Posez la question directement à Nicolas. S'il ne semble pas apprécier, que ferez-vous ? Blesser Nicolas ou vous fâcher sans doute avec son ex qui n'appréciera pas d'avoir été écartée ?
- Vous invitez Sébastien, un de vos cousins avec qui vous êtes en bons termes, mais vous ne fréquentez pas du tout ses frères et sœurs. Faut-il inviter toute la fratrie ou vous limiter à Sébastien ?
- Vous invitez votre patron ; que faire avec vos collègues ? N'inviter personne ? Ou les inviter tous avec leurs conjoints ?

2. Procédez par cercles

Cette méthode est la plus rationnelle pour éviter les oublis :

- *Premier cercle :* vos proches parents, père, mère (avec leurs conjoints en cas de famille recomposée), frères et sœurs avec les conjoints, neveux et nièces.
- *Deuxième cercle :* vos oncles et tantes avec leurs conjoints, vos cousins germains avec leurs conjoints, leurs enfants, éventuellement.
- *Troisième cercle :* la famille plus éloignée, en fonction de vos liens d'intimité.

- *Quatrième cercle :* vos amis avec leurs conjoints, compagnes, compagnons et éventuellement leurs enfants.
- *Cinquième cercle :* les relations amicales et/ou professionnelles, si nécessaire.

Pour chacun de vos contacts, posez-vous la question des « dommages collatéraux » : qui risquez-vous de vexer ? Si Tante Nicole est invitée et pas Tante Monique, va-t-elle vous en vouloir ?

Méfiez-vous aussi de vos appréciations : « ils ne viendront pas », pensez-vous à propos de ces cousins éloignés qui vivent à l'étranger. Mais ils viendront avec plaisir, et à six !

3. Demandez leurs listes à vos parents respectifs

En leur rappelant avec tact qu'il est d'usage, aujourd'hui, que les parents participent aux frais de réception au prorata de leurs invités.

4. Pensez aux enfants

Si vous avez de jeunes enfants parmi vos invités, pensez à leur bien-être et à celui de leurs parents : une pièce doit leur être réservée au calme et une personne au moins, en fonction du nombre de petits, doit être engagée pour les changer, les nourrir et les surveiller. Prévoyez aussi un menu spécial pour les 2 à 12 ans. La plupart des lieux de réception ont d'ailleurs prévu cette prestation.

5. Revoyez plusieurs fois votre liste

Vérifiez que vous n'avez oublié personne. Repêcher un mois avant le mariage un copain que vous n'avez pas vu depuis longtemps, c'est moyen.

6. Centralisez toutes les listes

Les vôtres et celles de vos parents. Faites le compte. 100 personnes ? 150 ? 200 ? Maintenant, vous avez un élément pour établir votre budget, et revoir les listes à la baisse si nécessaire.

7. Faites un tableau récapitulatif

Notez les noms, prénoms, adresses sur un tableau. Vous y inscrirez plus tard la date d'envoi des faire-part, et les réponses au fur et à mesure que vous les recevrez (par écrit, par mail, par texto, par téléphone).

8. Faites une estimation des réponses positives

Vous ne connaîtrez vraiment le nombre exact de convives que le matin de votre mariage : il y a un enfant malade, donc les parents se décommandent, votre cousin a loupé l'avion, la tante Marie s'est levée avec des rhumatismes…

Les professionnels des réceptions peuvent faire une estimation sans grosse marge d'erreur. Dans la version optimiste, prévoyez environ 10 % de réponses négatives. Ainsi, si vous invitez 100 personnes, comptez 90 présents. Attention, plusieurs facteurs peuvent intervenir pour pondérer cette estimation.

- La date du mariage : vous aurez plus de réponses négatives les week-ends de départs en vacances, le mois d'août ou les week-ends entourant les fêtes de fin d'année, par exemple.
- Le lieu du mariage : une cérémonie en province ou à l'étranger pour des Parisiens risque de poser quelques difficultés aux invités qui devront prévoir de prendre des jours de congé, et de payer des frais de transport et d'hôtel. Dépaysant, mais trop lourd pour certains budgets.

Caviar pour 60 personnes ou saumon pour 180 ?

À moins d'avoir un budget illimité, il faut faire des choix. Que préférez-vous ? Un repas princier pour un petit cercle de privilégiés qui en garderont un souvenir émerveillé ou un dîner plus banal pour avoir le bonheur de réunir tous ceux qui vous sont chers ?

Et si vous faisiez appel à un *wedding planner* ?

Quand vous voyez l'ampleur du travail qui vous attend pour organiser votre mariage, vous paniquez. Un mariage clés en main, c'est tentant quand on court sans cesse après le temps.

1. Il suffit de demander

Dites ce que vous souhaitez et vous êtes soulagés de tout souci d'organisation. Un *wedding planner* ne s'étonne de rien et peut aussi bien préparer une arrivée en hélicoptère, une réception dans un cirque avec funambules et trapézistes qu'un spectacle médiéval dans une abbaye. Et si vous n'avez pas d'idées arrêtées, il trouvera, en bavardant avec vous, ce qui conviendra à votre style. Il ne vous restera plus qu'à choisir vous-mêmes vos alliances et vos tenues. Le jour J, le *wedding planner* est présent et discret et règle tout dans les moindres détails.

2. Le budget

Le mode de rémunération dépend de l'intervenant : un pourcentage du budget global du mariage, ou une somme fixée entre vous dès l'accord de collaboration. Mais un *wedding planner* peut vous faire réaliser par ailleurs des économies, car il peut obtenir des prix intéressants sur certaines prestations.

3. Qui choisir ?

Le bouche à oreille marche bien. Renseignez-vous auprès de vos amis. Consultez Internet, demandez conseil à l'association des organisateurs de mariages, en fonction de la région dans laquelle vous organisez votre mariage. Certaines agences sont spécialisées, dans le Bordelais, en Bourgogne, sur la Côte d'Azur, la Touraine…

À envisager sérieusement si…

… vous manquez de temps, si vous voyagez beaucoup et si personne, dans votre entourage ne peut vous relayer. Estimez bien la faisabilité de vos projets en termes de temps. La préparation de votre mariage doit être un plaisir, pas une galère. À prévoir aussi si vous voulez faire de votre mariage un événement vraiment original. Mais n'attendez pas le dernier moment !

☑ Vous repérez le lieu de votre mariage

Vous savez maintenant dans quelle ville ou dans quelle région vous voulez vous marier, combien de personnes vous souhaitez recevoir, et quel style de cérémonie vous souhaitez. Déjeuner ? Dîner ? Cocktail ? Soirée dansante ? Brunch le lendemain ?

C'est avec une liste de critères bien précis que vous allez vous lancer dans une aventure pittoresque, celle de la chasse au lieu de réception.

1. Notez vos critères de sélection

Inscrivez-les et classez-les par ordre de préférence. Les incontournables en premier, les négociables ensuite.
Voici quelques critères à prendre en considération :

- Qualité des prestations : cadre agréable, belle vue, décor raffiné, service classe…
- Possibilité d'avoir toutes les prestations incluses : matériel, traiteur, DJ, sono, décoration florale, baby-sitter… Si vous êtes très pris par votre vie

professionnelle, cette formule évite d'avoir à multiplier les contacts.

- Dimensions des salons de réception : vous recevrez 150 personnes et vous tenez à ce qu'elles dînent toutes dans la même pièce ? Vous éliminerez donc les lieux de réception qui ne disposent pas d'un salon assez spacieux pour vos invités. À l'inverse, 70 invités seront perdus dans un salon prévu pour 200 personnes.
- Situation de la piste de danse : pas question de descendre au sous-sol pour danser en abandonnant les autres invités ou, a contrario, souci de ne pas gêner les non-danseurs.
- Petits salons pour les seniors : vous préférez que les plus âgés se réunissent pour prendre le café dans un salon loin des basses de la sono plutôt que de les voir fuir dès minuit.
- Possibilités d'hébergement des invités à proximité pour avoir l'esprit tranquille et éviter les dangers des retours de soirée arrosée.
- Faculté d'organiser un brunch le lendemain matin pour les plus proches.

2. Faites le tour des lieux de réception

Tous les moyens sont bons : les guides et les sites spécialisés (voir le carnet d'adresses p. 235), les syndicats d'initiative… Mais aussi les conseils des amis.

Votre pense-bête

Points à voir

- Facilité d'accès pour les personnes non motorisées (gare SNCF, cars…).
- Qualité de l'accueil.
- État de l'entretien des lieux (lieux de réception mais aussi toilettes, jardin, pelouses, massifs).
- Éclairage des salons et des extérieurs.
- Possibilités de parking.
- Accessibilité pour personnes handicapées.
- Normes de sécurité incendie.
- Dangers potentiels pour de jeunes enfants : étangs, douves, piscines.

Questions à poser

- Est-il possible de privatiser les lieux pour 1 ou 2 jours ?
- Quels sont les prestataires qui travaillent habituellement avec la direction du lieu ? Traiteur, fleuriste, photographe, DJ, baby-sitters, animateurs…
- Le matériel (tables, chaises, buffets, nappes, vaisselle, couverts, cristallerie) est-il fourni ?
- Le réseau électrique est-il prévu pour une sonorisation ?
- Y a-t-il une limite d'heure pour la soirée ?
- Le parking est-il gardé ?
- L'établissement a-t-il un voiturier (très pratique dans les grandes agglomérations) ?
- Le vestiaire est-il surveillé ?
- Le traiteur (s'il n'est pas un prestataire habituel du lieu de réception) pourra-t-il utiliser la cuisine du lieu ?
- Si le traiteur est sur place, voyez avec lui :
  - Cocktail (détail des boissons et des amuse-bouches proposés)
  - Animations cocktail (brochettes, foie gras, huîtres…)

➥

J–12 MOIS

- Frais de repas (détail des menus proposés)
- Fourniture des vins
- Fourniture du champagne
- Fourniture des alcools
- Service (et tarif des heures supplémentaires du personnel)
- Repas du personnel (DJ, photographe, baby-sitter)

- Si le lieu de réception dispose de chambres, et si oui de combien ?
- Éventuellement : possibilités de brunch le lendemain ?

3. Prenez rendez-vous et visitez

Après une première sélection sur le papier ou sur l'écran, allez sur place, avec votre liste de critères. Prenez rendez-vous avec une personne qui pourra vous donner des informations précises sur les tarifs des prestations et les disponibilités. Regardez partout, notez tout. Prévoyez d'avance la liste des points à voir et des questions à poser pour ne rien oublier.

Prévoyez une visite par demi-journée en moyenne. Cette étape est un peu fastidieuse, quelquefois décevante. Vous pouvez aussi charger vos familles d'enquêter de leur côté et de vous rapporter des photos des lieux, ainsi que les réponses aux questions et aux appréciations que vous leur remettrez.

Certains lieux de réception sont parfaitement équipés : tables, chaises, couverts, vaisselle, linge de table… D'autres ont un minimum qui n'est pas toujours satisfaisant. Demandez que l'on vous montre une table dressée. Vérifiez que les nappes ne sont pas trouées, les assiettes ébréchées, même légèrement, les couverts bosselés.

Quelques suggestions de lieux de réception

Les salons d'un grand hôtel ou d'un cercle en ville
Avantages : cadre luxueux, prestations sur place, service impeccable, voiturier, accès facile.
Inconvénients : réception limitée dans le temps (3 heures du matin en général), pas de possibilité de lunch le lendemain.
Bon plan si… vous êtes de vrais citadins, si vous vous mariez en hiver et si vous recevez vos relations professionnelles.

Le golf club
Avantages : sympa si vous êtes un habitué, beau cadre champêtre.
Inconvénients : réception limitée dans le temps (3 heures du matin en général).
Bon plan si… vous êtes des addicts de ce sport.
Le must : suggérez aux invités des possibilités d'hébergement à proximité et offrez-leur un parcours le lendemain.

Le chalet d'altitude
Le téléphérique fonctionnera-t-il toute la nuit pour redescendre vos invités dans la vallée ?
Avantages : original, cadre souvent magnifique.
Inconvénients : l'accès difficile qui peut rebuter certains invités, la crainte d'une météo capricieuse.
Bon plan si… vous êtes des randonneurs chevronnés ou de grands skieurs.
Le must : proposez des possibilités d'hébergement à proximité, et organisez une randonnée le lendemain pour ceux qui le souhaitent. Pensez seulement à prévenir vos invités de s'équiper (chaussures, lunettes de soleil, coupe-vent, etc.).

La maison de famille
Avantages : cadre très personnel, tradition des réunions de famille. Plus prosaïquement, pas de frais de location de salle et totale liberté pour le choix de la date sous réserve d'avoir ➥

pris contact avec la mairie, le célébrant et le traiteur pour vous assurer de leur disponibilité.
Inconvénients : organisation lourde, lieux pas toujours conçus pour recevoir beaucoup de monde, nécessité parfois de faire des travaux d'aménagement.
Bon plan pour un mariage familial, si vous n'êtes pas très nombreux et super-organisés, avec des prestataires à proximité.

Le château de particuliers

L'organisation de réceptions n'est pas leur métier, mais ils louent le cadre, parfois classé monument historique.
Avantages : cadre familial avec portraits des ancêtres aux murs (tant pis si ce ne sont pas les vôtres).
Inconvénients : châtelains pour un jour ou un week-end, c'est très romantique, mais pas de tout repos ; il faut avoir un sens de l'organisation en béton et savoir que vous devrez sans doute vous occuper de tout, location de matériel, traiteur, sono, fleurs, etc.

Le château spécialisé dans l'événementiel

Avantages : site magnifique, entretien impeccable, grandes possibilités de réception. Tout peut être fourni par la direction qui a ses prestataires habituels. Chambres sur place pour les invités, possibilité d'organiser un brunch le lendemain midi.
Inconvénients : manque relatif de personnalité d'un lieu qui accueille 30 mariages par an…
Bon plan si… vous recevez beaucoup de monde, si vous aimez la tradition, le luxe, et si vous souhaitez tout avoir sous la main.
Le must : louez le château pour 24 heures, vous serez ainsi « chez vous ».

Mais aussi la péniche à quai, le loft, les salons d'un édifice public…

Le must : si vous organisez votre mariage dans un lieu touristique, n'omettez pas de joindre à votre faire-part une liste des lieux à visiter ; vos invités seront ainsi tentés d'organiser un petit périple culturel et/ou gastronomique à l'occasion de votre mariage.

Tant pis si vous passez pour des enquiquineurs. Ce n'est pas lorsque les 150 couverts seront mis que vous pourrez faire rectifier quoi que ce soit. Montrez-vous exigeants dès le début. Si le matériel n'est pas prévu, il vous faudra négocier avec le traiteur (on se retrouve p. 53) ou vous charger vous-même de la location (on se retrouve p. 112).

Si les lieux vous plaisent, entamez une négociation sur les prestations. Demandez un devis écrit (par lettre, fax ou mail) pour les différentes prestations avec le détail et les conditions générales de vente. Attention, il se peut que l'on vous demande de signer tout de suite afin de retenir la date. Demandez au moins un délai de réflexion de deux jours. Prenez une option, le temps d'en parler éventuellement avec vos familles et d'étudier le devis à tête reposée.

4. Réservez !

Vous êtes séduits par le cadre et les prestations, les dates disponibles vous conviennent. C'est le moment de vous engager.

On vous demandera certainement de verser un acompte, proportionnel au budget (en général 40 % à la réservation, 40 % deux mois avant la réception et le solde le lendemain). Un conseil : prévoyez d'approvisionner votre compte !

Il est possible qu'on vous propose une assurance annulation. En effet, si pour des raisons graves, vous devez annuler ou reporter votre mariage, vous devrez acquitter 40 % du devis ou 80 % si l'annulation intervient 30 jours avant la date. À titre indicatif, le coût de l'assurance est d'environ 300 euros pour un devis de 12 000 euros.

La disposition des tables

Elle est en général imposée par le lieu de réception ou le traiteur s'ils disposent de matériel. Le plus courant, ce sont les tables rondes ou ovales, de 8, 10 ou 12 couverts, disposées de façon à laisser au centre un large espace pour la piste de danse.

Si vous avez le choix, vous pouvez opter pour un décor plus original :

- la table en U : vous placez tous les invités du côté extérieur, comme dans les banquets et mariage du Moyen Âge ; ainsi, tout le monde se voit. Sympa, si vous êtes peu nombreux.
- les tables rectangulaires en épis de chaque côté de la table des mariés. Mais cela suppose que l'on ne danse pas, ou que l'on danse ailleurs.

Veillez à ce qu'aucune table ne soit trop à l'écart, ou située derrière un poteau. Le service doit se faire commodément entre les tables.

☑ Vous pensez (déjà) à la location

Les voitures anciennes, les modèles rares, les bus anglais à impériale sont très recherchés, en particulier en été. Si vous souhaitez louer un de ces spécimens, réservez-le le plus tôt possible. Il faut compter 1 an à l'avance pour une calèche somptueuse ou un bus à impériale, 6 mois pour une voiture de collection, 2 mois pour une limousine standard. Toutes ces voitures sont fournies avec chauffeur.

Vous pouvez aussi faire appel à un club de collectionneurs ; les propriétaires louent parfois leurs voitures (et leurs services car ils préfèrent les piloter eux-mêmes).

1. Quelle voiture louer ?

Choisissez en fonction :

- *Du style de votre mariage :* citadin, champêtre, romantique... Une Bugatti pour un mariage style années 1920, quelle classe !
- *De la tenue de la mariée :* une robe ample et un long voile souffriront dans une coccinelle !
- *De votre budget :* comptez de 400 à 1 200 euros, selon le véhicule et la durée de la location. Avec un tarif par heure supplémentaire, et par kilomètre supplémentaire au-delà du forfait. À étudier et à négocier avec le loueur.

Précautions à prendre

- Signez un contrat avec le loueur et vérifiez qu'il précise bien le modèle, le lieu de rendez-vous, la durée du forfait et le kilométrage prévu, le prix des heures et des kilomètres supplémentaires.
- Téléphonez quelques jours avant la location pour vous assurer que tout est OK.
- Demandez le numéro de portable du chauffeur, et donnez-lui le vôtre ou celui de votre meilleur copain, afin qu'il puisse vous prévenir s'il rencontre une difficulté (embouteillages, par exemple).

2. Pensez à vos invités

Si vous voulez véhiculer les invités qui ne sont pas motorisés entre le lieu de la cérémonie et le lieu de réception, vous pouvez louer un mini-van (de 7 à 10 personnes) ou un car, ou un autobus (jusqu'à 50 personnes).

3. Le budget voitures

Quelques tarifs :

- Bus anglais à plateforme : 1600 euros pour 6 heures
- Rolls-Royce blanche : 800 euros pour 8 heures
- Daimler : 650 euros pour 8 heures
- Calèche : 850 à 1200 euros pour 8 heures

Pour la sécurité de vos invités

- Encouragez-les à dormir à proximité immédiate du lieu de réception (à vous de le choisir en fonction de ce critère important).
- Prévoyez un service de navettes pour déposer les invités à leur hôtel à partir de 1 heure du matin. Certains lieux de réception en mettent à disposition.
- Contactez le service Izydrive, pour vos invités qui craignent de prendre le volant la nuit, ou après quelques coupes de champagne. Le principe est simple : le chauffeur conduit l'invité dans sa voiture jusqu'à destination, puis reprend le scooter pliant qu'il aura rangé dans le coffre avec sa housse de protection pour repartir.

L'urgence du mois

Retenir le lieu de réception

Vos notes

Annonce à vos familles

Rencontre entre vos familles

Fiançailles

Budget mariage

Liste des invités

Repérage de lieux pour votre mariage

Vos notes

Réservation

Location de voitures

Vos rendez-vous du mois

Vos notes du mois

J – 11 MOIS

Ce mois-ci :

- ❑ Vous choisissez le traiteur
- ❑ Mademoiselle, vous faites une première sélection de robes de mariées
- ❑ Vous choisissez vos témoins

Vous avez déjà planté le décor de votre mariage : le style, le lieu, les invités… C'est l'essentiel, mais il vous reste une foule de détails, petits et grands, à régler au fil des onze mois à venir.

☑ Vous choisissez le traiteur

Si le lieu de réception que vous avez choisi ne vous propose pas un traiteur avec qui il a coutume de travailler, vous devrez faire une sélection vous-mêmes.

1. Comment trouver un traiteur ?

Demandez des adresses au responsable du lieu de réception. Il a forcément des contacts et peut vous conseiller très utilement en fonction de ce que vous recherchez.

Consultez aussi éventuellement les sites des traiteurs du département ou de la ville et les pages jaunes de l'annuaire.

2. Comment tester un traiteur ?

Muni d'une liste d'adresses, il ne vous reste plus qu'à faire la tournée des traiteurs. Allez faire quelques achats ; vous verrez le magasin (tenue, propreté, amabilité du personnel), vous aurez un aperçu des produits proposés (fraîcheur, couleur, odeur) et enfin vous goûterez ; achetez une tranche de terrine de poisson (c'est un excellent test pour juger de l'habileté du cuisinier et du débit de la marchandise), de pâté en croûte (si la croûte est légère et fondante sous la dent, c'est bon signe), ou autre salade maison. Réunissez éventuellement vos parents et quelques amis proches pour tester avec vous.

Le mariage en chiffres

Superficie par invité pour un repas à table : 1 m^2
Superficie par couple pour une soirée dansante : 1 m^2
Champagne : 1 bouteille pour 4 en apéritif
Vin rouge : 1 bouteille pour 3
Vin blanc : 1 bouteille pour 4

3. Comment sélectionner le traiteur ?

Après avoir goûté les produits, vous aurez sans doute deux ou trois adresses qui vous auront laissé une bonne impression. Téléphonez pour prendre rendez-vous avec un responsable afin qu'il vous établisse un devis en fonction de ce que vous désirez.

Quelle forme de réception choisir ?

Cocktail + dîner servi à table

Le cocktail permet d'accueillir les personnes qui ont assisté à la cérémonie mais qui ne peuvent ou ne veulent pas veiller : les personnes âgées, par exemple. Le cocktail permet aussi de recevoir des relations sans les convier au dîner qui suit. Une précaution indispensable : organiser le cocktail dans un endroit différent du dîner.

Le dîner est servi à table du début à la fin, ou bien seul le plat principal est servi, les invités devant se déplacer pour les entrées et les desserts. L'inconvénient étant un beau fouillis, la moitié des invités étant debout pendant le repas, profite souvent de la pause pour aller saluer des amis à une autre table, ou fumer une cigarette dehors… Si vous choisissez le dîner servi à table, spécifiez au traiteur que vous voulez que toutes les tables soient servies en même temps, et que les plats chauds soient vraiment chauds en arrivant devant les convives.

Cocktail + buffet dînatoire

Les invités vont se servir au buffet et vont ensuite s'asseoir où bon leur semble. Des tables et des chaises sont à leur disposition dans un ou plusieurs salons. Ils ont ainsi la possibilité de changer de voisins, de parler à leurs amis et de faire des connaissances. Les hôtes doivent alors veiller à faire servir les personnes âgées qui rechignent à se déplacer. Un inconvénient : il peut arriver que le buffet soit très vite dégarni, surtout si les enfants et les adolescents sont nombreux. D'autre part, tous les convives ne dînent pas au même rythme, et sont rarement tous réunis dans un même salon, ce qui rend les animations difficiles.

Soirée dansante

Danser, ça donne soif… Prévoyez donc un buffet avec des boissons fraîches non alcoolisées (eau plate, gazeuse, jus de fruits, sodas), éventuellement du champagne. Et quelques petits-fours ➥

Quelle forme de réception choisir ? (suite)

ou des animations gourmandes pour les petits creux (on se retrouve p. 114).

Le brunch

On prolonge la fête le lendemain avec les plus proches. Ambiance cool qui tient plus du pique-nique que de la réception, même si on prévoit des tables et des chaises. C'est possible si vous réservez le lieu de réception pour deux jours, et si les invités dorment sur place. Possible aussi de l'organiser dans un endroit différent. Au menu : les classiques du petit déjeuner + des salades, des viandes et des poissons froids, des fruits, des gâteaux. Jus de fruits, thé, café, vin. Le prix est à négocier avec le traiteur. Pensez aussi au matériel (nappes, serviettes, assiettes, couverts, verres, tasses) qu'il faudra éventuellement louer en plus grand nombre s'ils ne sont pas fournis par le traiteur ou le lieu de réception. Bref, le brunch est très sympa quand il ne demande pas une organisation compliquée pour vous !

4. Les points à préciser pour l'établissement du devis

Il faut penser à plusieurs postes.

L'alimentaire

Établissez le détail de ce que vous désirez : le nombre de pièces servies au cocktail (comptez 10 pièces par personne pour une durée de 1 heure 30), le type de menu pour le repas, le nombre de convives, sans oublier les repas pour les enfants et les repas des prestataires extérieurs comme le photographe, le DJ et la baby-sitter, éventuellement. Le traiteur vous proposera plusieurs formules de menu.

La formule de base comprend en général une mise en bouche, une entrée, un plat garni, un fromage, le gâteau des mariés. Le prix du menu par personne varie bien évidemment selon le nombre de plats et le raffinement des mets (comptez entre 30 et 150 euros par personne).

C'est in, c'est out ; c'est risqué, c'est sympa

La gastronomie a ses modes, elle aussi. Sans donner dans l'originalité, recherchez un peu de modernité.

C'est out
Les pains surprise, les navettes farcies, les croque-monsieur, les pruneaux au lard.

C'est in
Les animations culinaires : un cuisinier qui cuit devant vous des petites brochettes, ou des bouchées de foie gras à la plancha, un mareyeur qui ouvre des huîtres…

C'est risqué
Les plats exotiques, épicés, inattendus. Le poulet au chocolat est sans doute une recette mexicaine très branchée, mais pas sûr que cela plaise à votre grand-tante. Un mariage est une cérémonie qui réunit en principe plusieurs générations, alors ne prenez pas de risques.

C'est sympa
Si vous savez que certains de vos invités suivent un régime strict pour raisons médicales, ou si leur religion leur interdit certains plats, pensez-y en faisant le menu. Prévoyez des plats de remplacement. Ils seront touchés par votre geste.

Exigez une dégustation des différents plats et vins du menu que vous avez choisi avant de signer le contrat. En principe, cette dégustation est offerte pour 6 personnes, les futurs mariés et leurs parents. Si ce n'est pas le cas, négociez-en le prix.

Demandez aussi un prix pour le buffet de la soirée, petits fours, glaces, et boissons. Si vous envisagez un brunch, demandez un menu et un devis.

Les boissons

Le traiteur fournit-il les boissons, c'est-à-dire le champagne, les apéritifs pour le cocktail, les vins et l'eau pour le repas, le café, les jus de fruits et sodas ainsi que le champagne pour la fin de la soirée ? Pratique-t-il des forfaits, c'est-à-dire une somme forfaitaire pour un nombre donné de personnes, sachant que les vins seront servis à discrétion ? Devez-vous fournir les boissons vous-mêmes ? Dans ce cas, pratique-t-il un droit de bouchon ? De quel montant ?

Attention au droit de bouchon

Cette « taxe » est assez souvent imposée par les traiteurs et les restaurateurs sur chaque bouteille que vous apportez, simplement pour l'ouvrir et la servir. À négocier de pied ferme pour ne pas grever votre budget boissons.
Moyenne pratiquée sur une bouteille de champagne : 6 euros avec les 30 premières bouteilles gratuites, 4 euros sur toutes les bouteilles… Sachez cependant que certains traiteurs ne pratiquent pas le droit de bouchon.

Un point à préciser : le nombre de bouteilles à prévoir, selon le nombre des convives, si un forfait n'est pas prévu. Autre précision : les bouteilles seront-elles posées sur la table ou les serveurs se chargeront-ils de remplir les verres ? Quels sont les crus proposés (avec leurs prix) ?

Le personnel

L'un des inconvénients majeurs du dîner à table, dans une réception où les convives sont nombreux, est la lenteur du service. Il n'est pas rare de devoir rester à table presque trois heures, parfois plus. La seule façon de remédier à cela est de demander que les serveurs soient nombreux, ce qui, évidemment, alourdit la note. Demandez le tarif horaire charges comprises et également les tarifs des heures supplémentaires, si votre soirée se prolonge dans la nuit.

Le matériel

Si le lieu de réception ne met pas à votre disposition le matériel nécessaire, le traiteur peut sans doute le faire. Demandez-le-lui et obtenez un devis détaillé. Là encore, il est préférable de vous rendre compte par vous-mêmes de la qualité des prestations (chaises, nappage, couverts, vaisselle…). Et si le traiteur ne fournit pas le matériel, ce sera à vous de le louer (on se retrouve p. 112).

Le traiteur est super, mais le matériel trop banal. Que faire ?

Avec un matériel basique, vous pouvez créer votre déco personnelle : un chemin de table de couleur pour chaque table, des fleurs, des bougies, des marque-places, des ronds de serviette originaux. Si les chaises ne sont vraiment pas jolies, vous pouvez confectionner des housses (ou en acheter d'occasion sur Internet, ou encore les louer). Attention, cette déco a un prix (on se retrouve p. 163) !

5. La signature du contrat

Après avoir comparé les différents devis sur des points comparables, il va falloir faire votre choix. C'est parfois difficile, la concurrence étant grande dans certaines régions, car les traiteurs rivalisent de talent. À devis égaux, choisissez le traiteur qui vous a réservé l'accueil le plus attentif. Confirmez votre accord. Vous signerez le devis et devrez verser un acompte. Prenez date pour le repas de dégustation et demandez dès maintenant la date limite pour préciser le nombre de convives, en fonction des réponses à vos invitations. En principe, la deadline, c'est 8 jours avant la réception.

Mademoiselle, vous faites une première sélection de robes de mariée

Voilà une grande affaire ! On se marie traditionnellement en longue robe blanche avec un voile. Ce n'est pas une obligation, mais une jolie coutume. Rien ne vous empêche d'associer au blanc une touche de couleur.

Le choix de robes est immense ; courtes ou longues, simplissimes ou travaillées, il existe des robes pour toutes les silhouettes et tous les goûts. La dentelle, la soie, la mousseline, l'organza, le taffetas et le shantung sont les matières vedettes. Prévoyez donc du temps, surtout si vous travaillez beaucoup. Mais évitez de passer des journées entières dans les boutiques : à la huitième robe, ou même avant, vous serez saturée. L'idéal est de consacrer une demi-journée de shopping mariage par semaine (sans votre chéri, car la surprise doit être totale pour lui, selon la coutume), avec votre mère, votre sœur ou votre meilleure amie.

1. Comment choisir votre robe ?

Plusieurs critères interviennent :

- *Le style de votre mariage* d'abord : intimiste ou mondain, branché ou romantique, classique ou original.
- *La saison :* les bustiers et les caracos se couvrent de spencer en hiver ; les fleurs et la mousseline font place au velours et à la fourrure.
- *Votre morphologie :* les décolletés et les bustiers conviennent bien aux jolies épaules rondes et aux poitrines généreuses, les drapés mettent en valeur les minces.
- *Votre budget :* s'il est vrai que certaines robes coûtent très cher, il est tout à fait possible de trouver des robes ravissantes à des prix raisonnables, ou même carrément modestes, d'occasion, ou en location.
- *Vos préférences :* il est vraiment important que vous soyez à l'aise et que vous vous plaisiez dans votre robe.

C'est pourquoi mieux vaut vous y prendre longtemps à l'avance. Ne prenez pas une robe faute de mieux, par manque de temps. Ce serait vraiment dommage.

Ayez des idées, mais ne vous obstinez pas. Certaines coupes que vous adorez peuvent très bien ne pas vous mettre en valeur. Et c'est peut-être un modèle que vous n'aviez pas remarqué mais que la vendeuse vous a demandé d'essayer qui vous ira le mieux.

C'est tendance

La couleur pour les robes de mariées : ceintures de couleur sur une robe blanche pour les plus sages, corsage et jupon en toile de Jouy avec jupe blanche, robe bicolore vert amande et rose dragée… La dentelle devient rose, verte, parme, rose thé, et certaines robes osent même le noir et le blanc. Votre robe sera unique : grâce aux créateurs, pour un jour, vous ferez partie de la cour de Marie-Antoinette, ou vous serez une princesse du Moyen Âge…

2. À qui vous adresser pour votre robe ?

- *Le prêt-à-porter spécialisé* : il s'adresse à toutes ; des classiques aux audacieuses et dans une gamme de prix très large.
- *Le créateur* : il est idéal si vous voulez une robe unique, si vous aimez les couleurs, les imprimés, une certaine originalité.
- *La couturière professionnelle* : ainsi vous créez votre propre modèle (ou vous lui montrez une photo de

robe qui vous plaît). Mais n'espérez pas réaliser ainsi une grosse économie, car la façon est assez élevée (de 500 euros pour une robe simplissime à 1 000 euros ou plus pour une robe très travaillée). Ajoutez le tissu qui doit être de bonne qualité pour obtenir un bon résultat, la doublure, les boutons… Si vous optez pour cette formule, prenez des références sur la qualité du travail et le respect des délais.

- *Le prêt-à-porter classique en été :* de nombreuses marques proposent des robes blanches, courtes ou mi-longues qu'il suffira d'accessoiriser.
- *Le dépôt-vente spécialisé :* vous pouvez acheter votre robe de mariée dans un dépôt-vente qui propose des robes de créateurs à petits prix (environ 40 % du prix du neuf). Ils sont très peu nombreux pour l'instant, mais l'initiative fait son chemin.

Pour les amoureuses du rétro

Les robes anciennes ont la cote. Chinées dans une brocante ou un marché aux puces, elles ont un charme fou, en particulier les robes 1900 en dentelle. Attention : les essayages dans des stands ne sont pas faciles et vous risquez, sans glace à trois volets, de ne pas bien juger de l'effet rendu. Méfiez-vous si de nombreuses retouches sont nécessaires. D'autre part, soyez attentive aussi à la solidité du tissu. Vérifiez que tous les boutons sont identiques, à défaut d'être d'origine. Prévoyez alors des accessoires de la même époque et de même couleur, car tous les crèmes ou les ivoires ne se ressemblent pas.

3. Comment faire une présélection ?

Si vous vous orientez vers le prêt-à-porter spécialisé, dans un premier temps, consultez les magazines de mariage. Vous aurez un bel aperçu des modèles proposés et des prix pratiqués. Repérez ainsi le style qui vous plaît et notez quelques adresses. Interrogez aussi vos amies mariées, elles ont certainement des infos à vous donner.

Après 40 ans...

Passé la quarantaine, ou lorsqu'on se remarie, on remplace souvent la robe traditionnelle par une tenue plus « ville ». Robe courte pastel (gris perle, beige rosé, rose pâle, saumon, bleu lavande) avec une veste courte, par exemple ; ou bien robe longue imprimée, robe blanche avec des touches de couleur (ceinture, incrustations...). Chapeau avec voilette, bandeau, serre-tête, peignes, épingles à chignon ornées de perles, fleurs naturelles ou en tissu remplacent le voile.

4. Vous faites les premiers essayages

Téléphonez dans les magasins que vous avez sélectionnés pour prendre rendez-vous. Sur place, vous choisirez un ou plusieurs modèles qui vous plaisent. Écoutez l'avis des conseillères de vente ; elles ont l'œil ! Ne refusez pas d'essayer une robe qui, à première vue, ne vous a pas séduite, vous pouvez être très agréablement surprise. Ne vous précipitez pas, à moins d'avoir le coup de foudre. Retenez les modèles qui vous plaisent et prenez le temps de la réflexion. Ne vous découragez pas non plus si les premiers rendez-vous sont décevants. Vous avez encore le temps de continuer votre recherche !

☑ Vous choisissez vos témoins

Ils seront près de vous le jour J, témoins de votre amour réciproque et de votre engagement. Ils seront heureux et flattés que vous les ayez choisis.

1. Le rôle des témoins

L'essentiel de leur rôle officiel est d'être présents le jour du mariage et de signer les registres. Mais, en général, ils font bien plus que cela. En amont, ils organisent les enterrements de vie de garçon et de jeune fille et, le jour de la cérémonie, les animations. Ils sont des relais auxquels on délègue : la mariée confie son poudrier et son rouge à lèvres à son amie témoin, un témoin garçon du marié a son portable pour dépanner les invités égarés. Vous pouvez aussi demander à vos témoins de lire les textes à l'église.

2. Combien de témoins ?

À la mairie, un témoin par époux au moins, quatre au plus. L'église ne fixe pas de nombre, mais il est d'usage de ne pas en avoir plus de quatre par époux.

3. Quel est leur profil ?

À la mairie, ils doivent être majeurs, ce qui n'est pas obligatoire à l'église. Il n'est pas nécessaire non plus qu'ils soient baptisés ou qu'ils aient la même religion que vous.

À chacun son rôle

Ce que la mariée peut demander à ses témoins filles

- L'aider à choisir la décoration des tables et à la réaliser.
- Veiller pendant le cocktail à ce que les solitaires se regroupent, que les personnes âgées puissent s'asseoir, etc.
- L'accompagner aux toilettes le jour J (avec une longue robe et un voile, ce n'est pas si commode…).

Ce que le marié peut demander à ses témoins garçons

- L'aider à sélectionner le champagne et les alcools.
- Prendre son téléphone portable pour qu'il ne déforme pas les poches de sa veste, le jour J.
- Faire la voiture-balai pour s'assurer que les invités ne se perdent pas entre le lieu de culte et le lieu de réception.

La responsabilité des témoins : les animations

Le marié dans sa robe de baptême, la mariée le jour des résultats du bac, les vacances entre copains à La Baule… C'est aux témoins de retrouver les photos marquantes des événements qui ont jalonné la vie des mariés avant et après leur rencontre, de préparer un diaporama, de composer des chansons, sur des airs connus, sur le caractère des mariés, leurs exploits, leurs bêtises… avec la complicité des parents.

4. Qui choisir ?

Les frères et sœurs, les amis proches. Si vous avez une grande fratrie et de nombreux amis, le choix sera peut-être difficile. Dressez une liste de ceux auxquels vous pensez. Vous avez la possibilité de prendre chacun huit témoins au total (quatre pour la mairie et quatre pour la cérémonie religieuse). Soyez diplomates avec les plus susceptibles pour ne pas les vexer.

5. Comment le leur demander ?

Le plus simplement du monde, de vive voix ou par téléphone. Par délicatesse, évitez de le faire devant une ou plusieurs personnes qui ne seront pas parmi vos témoins. Et toujours pour éviter de froisser les susceptibilités, appelez tous vos témoins dans un laps de temps assez court afin qu'ils n'aient pas eu le temps de communiquer. « Éric m'a demandé d'être son témoin ! » « Ah bon, moi il ne m'a rien demandé… ».

6. Les formalités à prévoir

La mairie vous demandera d'indiquer les noms, prénoms, date de naissance, profession et adresse de vos témoins et de fournir une fiche d'état civil datant de moins de 3 mois. L'Église demande juste les noms et prénoms.

Un petit plus le jour J

Pour les distinguer des autres invités et par là même les mettre en valeur, vous pouvez prévoir un signe distinctif pour vos témoins : la même cravate (offerte par les fiancés), une fleur à la boutonnière pour les garçons, la même fleur à l'encolure pour les filles, par exemple. Les témoins filles peuvent porter la même robe (proposez, mais cela ne plaît pas toujours à ces dames). Si le marié porte une jaquette, les témoins garçons des deux fiancés peuvent porter la même tenue.

L'urgence du mois

Retenir le traiteur

Vos notes

Essai de traiteurs

Sélection d'adresses de robe de mariées

Essayages réalisés

Liste des témoins de Mademoiselle

Liste des témoins de Monsieur

Vos notes

Vos rendez-vous du mois

Vos notes du mois

L'ASTUCE EN +

Pour compléter votre lecture, retrouvez en bonus 3 tableaux à remplir directement sur Excel et suivre ainsi, pas à pas, toute l'organisation de votre mariage. Pour cela, scannez ce code ou rendez-vous sur la page :

http.//blog.editionsleduc.com/checklist-mariage.html

J – 10 MOIS

Ce mois-ci :

- ❑ Vous cherchez un DJ pour la soirée
- ❑ Vous contactez des photographes
- ❑ Vous contactez un fleuriste pour la décoration

Les choses se précisent, vous continuez la tournée des prestataires. Il n'est pas trop tôt pour réserver le DJ et le photographe si vous vous mariez en été, saison où les fêtes sont si nombreuses.

☑ Vous cherchez un DJ pour la soirée

Son rôle est important, puisque vous lui confiez l'animation musicale de votre soirée pendant plus de quatre heures, souvent six heures ! Il faut donc que cette animation soit le reflet de vos deux personnalités, mais aussi qu'elle plaise à tous, toutes générations confondues. Un casse-tête ? Non, un peu d'organisation.

Briefer le DJ

Les infos à lui donner

- Le style de musique que vous aimez.
- La description des lieux en indiquant où installer la sono et les éclairages, et à partir de quelle heure en sachant que son matériel est sous sa responsabilité.
- Les différentes étapes de son intervention : souhaitez-vous qu'il diffuse de la musique d'ambiance pendant le cocktail ? Pendant le dîner ? À quel moment du repas voulez-vous ouvrir le bal ? Voulez-vous que, pendant la soirée, il « chauffe » la salle ou préférez-vous qu'il s'abstienne de tout commentaire ? Voulez-vous lui confier des animations ?

Les points à voir avec lui

- Matériel et éclairage de la piste de danse.
- Durée de la prestation (forfait pour la nuit ou heures supplémentaires après 3 heures).
- Ses obligations envers la Sacem.
- Ses assurances.
- Ses honoraires tout compris (déplacement, etc.).

1. Comment trouver un DJ ?

Plusieurs pistes :

- Il est le prestataire attitré du lieu de réception que vous avez choisi ; il est donc la première personne à rencontrer, ce qui ne veut pas dire qu'il vous soit imposé. L'avantage est qu'il connaît bien les lieux et le personnel ; son installation est donc facile.
- Vous l'avez repéré au mariage de l'un de vos copains et vous avez apprécié sa prestation.
- Il vous a été recommandé par des amis.
- Vous cherchez sur Internet.

2. Comment le tester ?

Comme la plupart des prestataires, en le rencontrant, pour lui préciser ce que vous souhaitez et qu'il vous fasse des propositions. Si le courant passe bien entre vous, s'il ne vous impose rien, si son répertoire correspond à ce que vous aimez, vous pouvez vous engager.

3. Quel budget prévoir ?

Comptez 1200 euros pour toute la nuit, tout compris (pensez à prévoir un repas pour lui en demandant un devis au traiteur).

Panique, je ne sais pas valser…

Si vous êtes vraiment perfectionniste, vous pouvez prendre quelques cours de danse afin d'être à l'aise pour vous produire devant tous les invités réunis ; il existe dans de nombreuses villes des professeurs de danse « de salon » qui vous initieront aux bases en quelques heures.

4. Quelle musique choisir ?

Celle que vous et vos amis aimez. Pensez aussi cependant aux seniors. Votre grand-père sera sans doute ravi de danser une valse ou un tango et vos parents un bon vieux rock des années 1960. Commencez la soirée par un slow ou une valse, que la mariée dansera avec son père pour ouvrir le bal avant de rejoindre son époux. Enchaînez par quelques airs pour les aînés puis, ensuite, à votre guise. Si l'un de vous a des origines étrangères, choisissez quelques airs de son pays.

Très tendance : un orchestre pour le cocktail

Le cocktail dure plus d'une heure et certains invités seront un peu esseulés… Pour créer une ambiance détendue et distraire les solitaires, vous pouvez réserver un orchestre qui jouera une musique tonique, mais assez discrète pour ne pas gêner les conversations. Il s'agit le plus souvent de groupes de trois ou quatre musiciens. Vous trouverez des coordonnées pour votre région sur Internet. Demandez des références pour vous assurer du professionnalisme des musiciens. Informez-vous des possibilités d'installation, en extérieur ou à l'intérieur, selon les conditions météo. Précisez le style de musique souhaité : jazz New Orleans, jazz manouche, bossa, swing, funk blues… Obtenez enfin l'assurance que les musiciens viendront en tenue de ville, et non en jean baskets. D'ailleurs, soyez prudents : demandez un devis écrit mentionnant les horaires de la prestation, le type de musique prévu, la tenue des musiciens, les frais de déplacement. En fonction de l'heure, le prestataire peut vous demander de prévoir un repas pour les musiciens et, éventuellement, un hébergement. On compte environ 100 euros de l'heure par musicien. Ce qui fait 800 euros pour une prestation cocktail de 2 heures de 4 musiciens. Vous aurez à verser un acompte d'un tiers du montant du devis à la signature du contrat, le solde étant à régler le jour même.

5. Faut-il prévoir des animations ?

Jeux, karaoké, mise aux enchères de la jarretière de la mariée, danses collectives peuvent faire partie de votre soirée. Si vous le souhaitez, demandez au DJ d'en être l'animateur. Mais n'oubliez pas que les animations font traîner le repas en longueur et ralentissent le service. Il faut aussi compter avec les discours des pères des mariés et des témoins. Ces derniers préparent souvent des vidéos pleines d'humour pour célébrer les jeunes époux, railler leurs défauts et vanter leurs mérites.

✓ Vous contactez des photographes

Bien sûr, tous vos amis prendront des photos, bien sûr, avec le numérique, on peut tout faire. Mais ne vous dispensez pas des services d'un pro de la photo. Pour une raison évidente : lui, il n'est là que pour ça, donc disponible pour repérer les plans sympas. Vous serez heureux, dans quelques mois, et a fortiori dans quelques années, d'avoir des témoignages touchants de votre cérémonie.

1. À qui vous adresser ?

La plupart des lieux de réception travaillent avec un photographe dont le studio est à proximité. Le plus simple est de prendre contact avec lui. Mais rien ne vous empêche de consulter d'autres photographes, recommandés par des amis, par exemple, pour comparer les styles et les devis.

2. Que désirez-vous ?

Il existe de très nombreuses formules. Définissez dans un premier temps ce que vous souhaitez :

- Un photographe présent depuis le matin pour faire un reportage dès le début des préparatifs des mariés jusqu'à la fin de la soirée ? Seulement pour la mairie ? Pour la mairie et l'église, le cocktail, la soirée ?

- Des photos conventionnelles, posées, ou des photos sur le vif ? Ou bien les deux ?
- Des photos de famille, des portraits des mariés, des photos des mariés avec chaque table, avec chaque couple ou groupe d'amis ?
- Des photos incontournables, celles qui paraissent peut-être trop conventionnelles aujourd'hui, mais que vous regretteriez plus tard de ne pas avoir : l'entrée du marié dans l'église avec sa mère, de la mariée avec son père, l'échange des consentements, la remise des alliances, la signature des registres par les mariés et les témoins, la sortie des mariés, les enfants d'honneur, les mariés avec leurs parents, les mariés avec leurs témoins.
- Des photos en couleur, en noir et blanc ou sépia ?
- Des albums tout prêts ou juste des CD ?
- Une vidéo de la journée ou de la cérémonie ; c'est amusant quelques années plus tard de se replonger dans l'effervescence des heures précédant le oui. Super pour voir ce que vous n'avez pas vu et entendre ce que vous n'avez pas entendu : la larme à l'œil de votre maman, la grimace de votre frère, le fou rire de votre meilleur copain, les commentaires de vos témoins. C'est revivre votre émotion et celle des vôtres.

3. Comment préparer le rendez-vous ?

Indiquez au photographe les lieux : mairie, église, cadre de la réception. S'il les connaît déjà, cela facilitera sa préparation. Dites-lui aussi ce que vous attendez de lui (voir ci-dessus). Proposez de le briefer un peu avant la cérémonie sur les personnes à prendre en photo absolument. Imaginez la tête de la tante Sylvie qui a été si généreuse avec vous s'il n'y a pas une seule photo d'elle ! Attention aussi aux familles recomposées. Vous pouvez également recommander au photographe de prendre TOUS les invités, car c'est sympa de pouvoir envoyer une photo d'eux aux donateurs quand vous leur adresserez votre carte de remerciements.

Le photographe, pendant votre rendez-vous, vous montrera ses books et vous fera des propositions. Il vous établira un devis selon ce que vous avez décidé ensemble. Précision à demander : le déplacement est-il à votre charge, et selon quelles normes (forfait kilométrique par exemple). Le budget moyen est de 800 euros pour le photographe avec remise de 3 CD et fourniture d'un album de 50 tirages, et de 1500 euros pour le reportage avec fourniture du CD.

4. Qui choisir ?

À qualité de book égale et à devis égal, prenez incontestablement un photographe ouvert, vif et qui a saisi vos attentes. Il doit aussi être discret, diplomate et avoir un bon sens artistique, cela va de soi. Bref quelqu'un avec qui les relations sont d'emblée cordiales.

La présentation des photos : délicate attention ou vente forcée ?

Certains photographes proposent de passer dans la soirée présenter des photos prises pendant la cérémonie. C'est surtout intéressant pour le photographe qui vend ses clichés. Attention à ce que personne ne se sente obligé d'acheter. À vous de voir comment cela sera perçu par vos invités.

☑ Vous contactez un fleuriste pour la décoration

Le lieu le plus banal devient magnifique s'il est bien fleuri. Pas de mariage sans fleurs ! Oui mais une jolie décoration florale demande à la fois du goût pour réaliser d'harmonieuses compositions, de l'habileté pour les confectionner, des connaissances pour savoir quelles sont les fleurs de saison et du temps pour tout décorer.

1. Quels lieux faut-il fleurir ?

À mi-chemin entre le bouquet rikiki et la jungle luxuriante, la décoration florale doit mettre les lieux en valeur, égayer les tables, donner un air de fête au lieu de culte. Faites la liste des endroits à fleurir :

- l'église : l'allée centrale, l'autel ;
- les extérieurs du lieu de réception : allées à baliser, terrasse à fleurir pour le cocktail, fenêtres ;
- l'intérieur : les salons, les tables, les buffets.

2. Quelle décoration choisir ?

Les fleurs de saison s'imposent ; parmi elles, préférez celles qui s'harmonisent avec le lieu, le style des tables, en respectant vos goûts personnels. Mariez les fleurs et le feuillage, les rubans, les bougies, les perles, les galets, les papillons en tissu…

Quelques idées déco

- Commodes, cheminées, buffets : plusieurs vases transparents de hauteur différente, garnis d'eau, de galets blancs ou multicolores, de bougies flottantes et d'une ou deux fleurs, têtes d'hortensias blancs piquées dans des verrines garnies de mousse.
- Appliques murales, lustres : lierre et feuillage.
- Tables : vases hauts à pieds fins garnis de lys, de roses, de saule tortueux plantés dans de la mousse verte, pétales de roses et feuilles de lierres semés sur les nappes.
- Balustrades : lierre enlacé de roses.
- Allées en extérieur : lys attachés à des piquets avec des rubans flottants.

3. Qui peut s'en charger ?

Vous pouvez fort bien, si vous aimez les fleurs et si vous adorez jardiner, décider vous-mêmes de la décoration florale de votre mariage. Vous choisissez le type de fleurs, les vases, les rubans, les emplacements à fleurir. Oui, mais ne comptez pas, quelques heures avant le mariage, vous atteler à ce travail, agréable, certes, mais « chronophage ». Réfléchissez bien : qui ira chercher les fleurs aux halles le matin à l'aube ? Qui coupera les tiges, remplira les vases et les disposera ? Il est bien probable que ni vous, les futurs mariés, ni vos mères ou vos amies n'en auront le temps.

Le plus sage est donc, si votre budget le permet, de faire appel à un fleuriste qui pourra, sur vos directives, créer les compositions, les livrer et les disposer.

Si vous manquez d'imagination dans ce domaine, contactez un décorateur floral. Le lieu de réception qui vous accueille vous fournira l'adresse d'un ou plusieurs décorateurs qui ont l'habitude des lieux. Les pages jaunes de l'annuaire et les sites Internet vous donneront aussi des pistes. Rencontrez le fleuriste sur les lieux.

4. Comment préparer l'entretien avec le fleuriste

Pour orienter les propositions du décorateur fleuriste, donnez-lui des infos sur ce que vous voulez, ce que vous aimez.

- La couleur des fleurs : le blanc est bien sûr traditionnel et peut être la couleur de base, mais une touche de couleur est souvent la bienvenue (vert tendre, bordeaux, rose, orangé, bleu myosotis, jaune...).
- Les lieux et meubles à fleurir de fleurs ou de plantes vertes.

De son côté, le fleuriste pourra vous présenter ses books, qui vous donneront des idées nouvelles.

À partir de ce que vous déciderez, le fleuriste dressera un devis estimatif. À revoir à la baisse, éventuellement si cela dépasse votre budget. Demandez un devis très détaillé, comprenant la location éventuelle de vases, afin de pouvoir comparer plusieurs devis si besoin et peut-être négocier.

5. Comment choisir le fleuriste ?

Trois critères entrent en ligne de compte : ses qualités artistiques, à évaluer selon les photos de ses réalisations, sa souplesse dans son écoute de vos désirs et ses tarifs.

6. Et si on prenait des fausses fleurs ?

Les plus jolies, celles qui ressemblent à s'y méprendre aux fleurs naturelles ne vous feront pas réaliser une économie immédiate, car elles sont chères. Mais elles sont réutilisables. Autre avantage : on peut composer les bouquets à l'avance, ils seront intacts. Une solution intermédiaire consiste à utiliser des fausses fleurs pour les emplacements éloignés des invités (ainsi ils ne pourront pas les toucher, test infaillible pour déterminer le vrai du faux) : appliques, balustrades, corniches…

Dîner en tête-à-tête avec une rose…

Pour que les convives puissent se voir et se parler à travers la table, prenez soin de choisir des centres de table bas ou, au contraire, des compositions placées dans des vases à pied fin et haut. Joli aussi : les pétales et les feuilles de lierre répartis sur la nappe.

L'urgence du mois

Contacter les prestataires de service

Vos notes

Contacts DJ

Contacts photographes

Contacts fleuristes

Vos notes

Vos rendez-vous du mois

Vos notes du mois

J – 9 MOIS

Ce mois-ci :

- ❑ Vous organisez votre mariage civil
- ❑ Vous préparez votre mariage religieux

Les questions d'organisation matérielle avec les prestataires étant bien avancées, vous pouvez maintenant penser à organiser les célébrations.

☑ Vous organisez votre mariage civil

La loi précise que vous devez remettre votre dossier complet en mairie un mois au moins avant la date souhaitée. Il est préférable de retenir la date bien avant, surtout pour une célébration en été, car les samedis de juin, juillet et septembre sont très recherchés. Plus vous attendrez, moins vous aurez le choix de la date et de l'heure.

1. Où allez-vous vous marier ?

La loi ne vous laisse pas beaucoup de choix : le mariage doit avoir lieu à la mairie du lieu de résidence de l'un des futurs époux, à condition qu'il y habite depuis plus d'un mois. Vous pouvez également vous marier dans la mairie de la résidence principale ou secondaire de vos parents. Ainsi, si vous habitez Paris et que vos parents ont une super-maison en Touraine, vous pouvez en principe vous marier dans leur village.

2. Quand allez-vous passer devant Monsieur le Maire ?

Vous avez plusieurs possibilités.

- Vous vous mariez uniquement à la mairie : la célébration va donc précéder immédiatement la réception.
- Votre union civile sera suivie d'une célébration religieuse : vous pouvez aussi bien vous marier trois mois avant que trois heures.

Le charme de se marier deux fois en trois mois…

L'usage a longtemps voulu qu'on se marie civilement la veille du mariage religieux, voire quelques heures avant. Aujourd'hui il est courant de passer devant le maire plusieurs semaines ou plusieurs mois avant la célébration religieuse. Dans ce cas, on peut envisager une petite réception après la mairie, avec la famille et les témoins, chez les mariés ou chez leurs parents, si le mariage a lieu l'après-midi, ou encore un déjeuner au restaurant si le mariage a lieu dans la matinée. Les plus fêtards en profiteront pour faire une vraie soirée avec leurs amis.

3. Quelles sont les formalités à remplir ?

Le mariage n'est pas autorisé avant 18 ans pour les garçons comme pour les filles (depuis 2006). Si vous êtes mineur, vous devrez avoir le consentement de vos parents ou de votre tuteur. Vous ne devez pas être proches parents.

Vous ne devez pas être déjà marié en France ou à l'étranger. Si vous êtes titulaire d'un Pacs avec votre futur époux(se), le Pacs prend fin tout naturellement, le mariage se substituant alors à lui.

Les papiers à remettre

Présentez des documents originaux :

- 1 copie intégrale de votre acte de naissance datant de moins de 3 mois par rapport à la date de votre mariage, s'il a été délivré en France (à demander à la mairie de votre lieu de naissance) ou de moins de 6 mois s'il a été délivré outre-mer ou dans un consulat à l'étranger (on se retrouve p. 144) ;
- 1 pièce d'identité en cours de validité (carte nationale d'identité ou passeport). Si vos papiers d'identité ne sont plus valides, refaites-les dès maintenant, les délais sont parfois assez longs ;
- 1 justificatif de domicile pour chacun des futurs époux s'ils ne sont pas domiciliés ensemble ;
- les noms, prénoms, dates et lieux de naissance, professions et domiciles de vos témoins ;
- le certificat du notaire si vous avez signé un contrat de mariage (ce document peut-être remis ultérieurement).

Téléphonez à la mairie du lieu de votre mariage, afin qu'on vous précise les démarches à effectuer ; certaines mairies fournissent des documents à remplir, et exigent que les deux futurs époux déposent ensemble leur dossier de mariage. Renseignez-vous en fonction de votre nationalité si l'un de vous est étranger, les démarches étant différentes selon les pays d'origine.

Les bans seront publiés à la mairie des deux futurs conjoints pendant une durée de 10 jours avant la date du mariage. Ces bans sont destinés à faire connaître votre projet de mariage afin que quelqu'un puisse éventuellement s'y opposer pour l'une des raisons évoquées ci-dessus.

À la bonne heure...

Choisissez, si possible, l'heure de votre mariage en fonction de la suite prévue.

- 10 h, pour une cérémonie religieuse à 11 h 30 à proximité de la mairie.
- 11 h 30 si vous avez organisé un déjeuner ensuite avec vos parents et vos témoins.
- 15 h si la cérémonie religieuse a lieu à 16 h 30.
- 17 h 30 est idéal si vous enchaînez avec un cocktail et un dîner et une soirée.

Évitez les temps morts qui laissent les invités désemparés, mais ne faites pas non plus de cette journée une course contre la montre. Si les distances sont assez importantes entre la mairie et le lieu de culte, voyez large dans le timing.

☑ Vous préparez votre mariage religieux

Quelle que soit votre religion, la première démarche est de prendre rendez-vous avec le futur célébrant de votre mariage. C'est lui qui vous indiquera dans le détail la marche à suivre. Nous vous donnons ici, à titre indicatif, les coutumes pratiquées dans différentes religions.

1. Vous êtes catholiques : vous vous mariez à l'église

En principe, le mariage a lieu dans la paroisse de la fiancée. Mais bien des dispenses sont admises, car on se marie le plus souvent dans l'église située à proximité immédiate du lieu de réception.

Vous pouvez vous marier n'importe quel jour de la semaine sauf le dimanche. Une exception : le Vendredi saint.

Vous devrez suivre une préparation sous forme d'entretiens avec le prêtre, d'autres futurs mariés et un couple référent. La dernière réunion avec le prêtre portera principalement sur le déroulement de la cérémonie (choix des textes et des chants, protocole de la cérémonie). Chaque prêtre a ses exigences sur ce sujet. Si vous n'habitez pas dans la commune où sera célébré votre mariage, vous pouvez suivre la préparation dans une autre paroisse. Parlez-en au prêtre qui célébrera votre union. Vous devrez remettre au prêtre les papiers suivants :

- Un extrait d'acte de naissance de chacun de vous (délivré par la mairie de votre lieu de naissance).
- Un certificat de baptême de chacun de vous (délivré par la paroisse où a eu lieu votre baptême). Si vous n'êtes pas baptisé, il vous faudra une dispense de l'évêque.

- Le certificat de mariage civil (le futur marié le remet au prêtre quelques instants avant la cérémonie si le mariage civil a été célébré juste avant).
- Les fiches d'état civil des témoins.
- Une déclaration d'intention, rédigée par les deux futurs mariés, pour exprimer leur engagement : la liberté de consentement, la fidélité, l'assistance entre conjoints, l'éducation des enfants dans la foi chrétienne.

Les bans seront publiés à la porte de l'église dix jours avant la célébration du mariage.

Lors de la dernière réunion avec le prêtre, ou à l'issue de la cérémonie, le marié remet une enveloppe au prêtre contenant une somme d'argent destinée aux œuvres de la paroisse. Le montant de la somme est à votre discrétion. La décoration florale de l'église est à votre charge ; pensez-y en prenant contact avec la fleuriste pour la décoration du lieu de réception.

2. Vous êtes protestants : vous vous mariez au temple

Prenez rendez-vous avec le pasteur. Vous pouvez vous marier tous les jours de la semaine sauf le dimanche. La cérémonie prend la forme d'une bénédiction. Les seules pièces à fournir sont le certificat de mariage civil et les fiches d'état civil de vos témoins. Le mariage est précédé de plusieurs réunions de préparation avec le pasteur et d'autres couples. Le marié remet au pasteur, à l'issue de la cérémonie ou lors de la dernière réunion de préparation, une enveloppe contenant un don pour les œuvres, dont le montant est à sa discrétion. La décoration florale du temple est à la charge des futurs mariés.

3. Vous êtes juifs, vous vous mariez à la synagogue

Prenez rendez-vous avec le rabbin de la synagogue. Vous pouvez vous marier n'importe quel jour de la semaine sauf le samedi. Vous devez réunir les pièces suivantes :

- L'acte de mariage religieux de vos parents (Ketuba).
- Un extrait d'acte de naissance de chacun de vous (délivré par la mairie de votre lieu de naissance).
- Le livret de famille de vos parents.

Le mariage juif respecte plusieurs traditions : l'information de la future épouse sur ses devoirs religieux, le bain rituel de la future épouse la veille du mariage, le jeûne.

À l'issue du mariage, le marié remet une enveloppe au rabbin.

4. Vous êtes orthodoxes : vous vous mariez à l'église orthodoxe

Prenez rendez-vous avec le pope de l'église que vous avez choisie. Il vous indiquera les différentes étapes de votre préparation. Vous devrez lui remettre l'acte de baptême de chacun de vous.

5. Vous êtes musulmans : vous vous mariez à la mosquée ou au domicile des parents de la future épouse

Prenez rendez-vous avec l'imam. Vous devrez lui remettre le certificat de mariage civil.

Les mariages mixtes

Ils sont de plus en plus nombreux. Et si, pendant des siècles, une union religieuse était, dans ce cas, impensable, l'heure est à l'ouverture. Certaines difficultés peuvent cependant surgir, selon les religions, et parfois selon les ministres du culte.

En principe :

- L'un de vous est catholique, l'autre est orthodoxe ou protestant : demandez une autorisation de disparité de culte, délivrée à condition que le ou la futur(e) marié(e) soit baptisé(e), et que les futurs époux s'engagent à baptiser leurs enfants et à les élever dans la foi chrétienne. La cérémonie est célébrée par le pasteur et le prêtre, dans la paroisse de la mariée. Si le mariage a lieu au temple, le pasteur préside, s'il a lieu à l'église, le prêtre préside.
- L'un de vous est juif : la religion juive interdit les mariages mixtes ; il faudra donc que le ou la futur(e) conjoint(e) renonce à sa religion et accepte de se convertir.
- L'un de vous est musulman : l'islam accepte le mariage d'un homme musulman avec une jeune fille catholique, protestante ou juive, mais l'inverse n'est pas admis.

Prenez rendez-vous avec le représentant de vos deux religions pour étudier les possibilités.

L'urgence du mois

Contacter la mairie et prendre rendez-vous avec le ministre du culte

Vos notes

Contacts mairie

Papiers demandés

Délais à respecter pour la remise des documents

Rendez-vous ministre du culte

Vos notes

Vos rendez-vous du mois

Vos notes du mois

J – 8 MOIS

Ce mois-ci :

- ❑ Vous choisissez vos enfants d'honneur
- ❑ Vous choisissez votre robe de mariée
- ❑ Vous achetez les accessoires
- ❑ Vous prévoyez votre coiffure
- ❑ Vous pensez aux bijoux
- ❑ Vous réfléchissez à votre liste de mariage
- ❑ Vous programmez votre voyage de noces

Maintenant que les démarches les plus importantes ont été faites, vous allez passer aux « détails ». Et quels détails ! Un mariage réussi est tout en harmonie. Ce qui veut dire que tout doit être coordonné, choisi et pensé en fonction du contexte. C'est à ces « détails » que vous allez consacrer une grande part de votre énergie dans les mois à venir. On commence !

☑ Vous choisissez vos enfants d'honneur

Super-mignons, tous ces petits papillonnant autour de la mariée. Les enfants seront ravis du grand honneur que vous leur faites, les mamans seront flattées. Pourquoi vous priver d'un joli cortège ? Encore faut-il avoir des enfants dans votre entourage proche.

1. Comment composer le cortège ?

Un cortège de mariage se compose en principe de plusieurs enfants, mais ce n'est pas toujours le cas. Un seul enfant, garçon ou fille, peut précéder la mariée à l'entrée de l'église en portant le coussin avec les alliances, par exemple. Si vous avez un garçon et plusieurs filles, le garçon porte le coussin d'alliances et les petites filles tiennent le voile de la mariée. Si vous avez une parité garçons et filles, les petits couples entrent dans l'église derrière la mariée et son père en se tenant par la main. Une fille et quatre garçons ? La petite fille marche devant avec le coussin d'alliances, les garçons derrière.

2. Quel âge minimum pour les enfants d'honneur ?

L'idéal est entre 3 ans et 8 ans ; les plus petits doivent marcher seuls et comprendre ce qu'on attend d'eux pour éviter les complications à l'entrée et à la sortie de l'église. Au-delà de 8 ans, il n'est pas sûr qu'ils acceptent de bon cœur, se jugeant trop grands. À voir selon leur caractère et leur susceptibilité.

3. Qui choisir ?

Attention aux susceptibilités des parents ! Si vous prenez vos neveux, prenez-les tous, à moins qu'ils ne soient trop petits ou trop grands ! Même votre nièce qui a un sourire édenté en ce moment, ou votre neveu qui se roule par terre à la moindre réflexion. Les petits souffriraient d'être évincés et les parents vous en voudraient.

4. Comment le demander ?

Téléphonez aux mères des petits que vous avez retenus en fixant la date, l'heure, et le lieu de votre mariage. Précisez que vous vous occuperez des tenues des enfants et que vous rappellerez les mères un peu plus tard pour avoir les mensurations des enfants. En principe, vous aurez une réponse rapide, et positive.

Robes de princesse et tenues de page

Les filles et les garçons du cortège portent une tenue assortie à celle de la mariée, du moins dans l'esprit. Qui finance ? En principe la mariée. Mais il est admis que les mères peuvent participer, dans la mesure où les enfants pourront reporter robes et bermudas. Dans tous les cas, c'est vous, la future mariée qui choisissez les tenues et centralisez les commandes (on se retrouve p. 119) auprès du fournisseur.

5. Le choix d'une baby-sitter

Si vous avez de nombreux enfants parmi vos invités (enfants du cortège, neveux, nièces, enfants de vos meilleurs copains), pensez aux services d'une baby-sitter et prévoyez aussi des menus enfants qui pourront être servis dans une salle à part à une heure convenant aux petits selon les âges. Tout le monde vous en saura gré.

Faites appel à une jeune fille (ou un jeune homme) patiente et résistante. Surveiller une ribambelle de marmots plus ou moins excités pendant une dizaine d'heures demande un flegme et un sens des responsabilités à toute épreuve. La mission est de surveiller, faire dîner et (essayer de) coucher plusieurs enfants, en les distrayant et en évitant les bagarres. Vous avez plusieurs possibilités :

- Demander à votre interlocuteur, sur le lieu de réception, s'il peut réserver les services d'un ou une baby-sitter ; en général, ils connaissent des jeunes gens qui sont habitués à ce genre de mission.
- Faire appel à un ou une baby-sitter que vous connaissez et lui demander ses services, du début de la cérémonie, jusqu'à la fin de la soirée. Pensez à son repas et à ses déplacements.
- Vous adresser à une agence de baby-sitters qui vous déléguera la personne adéquate pour cette tâche.

Bébé est de la fête

Les jeunes couples, aujourd'hui, se marient souvent après avoir eu un enfant. Le bambin est dans les bras d'une grand-mère ou d'une tante, ou bien gambade allègrement entre les chaises. Prévoyez tout de même une garde rapprochée pour le petit afin de ne pas avoir à le surveiller pendant toute la journée. Pensez aux repas, aux jouets, aux vêtements de rechange y compris le pyjama, sans oublier le précieux doudou. Habillez-le en blanc, comme sa maman, ou, s'il est assez grand pour faire partie du cortège, comme les autres enfants d'honneur.

L'heure de garde est en principe facturée entre 6 et 10 euros pour un enfant, en fonction du travail de la baby-sitter. Vous avez intérêt à négocier un forfait pour la durée de la mission, en fonction du nombre d'enfants et de leur âge.

6. On écrit le script

Vous avez les réponses des mamans, vous savez donc combien d'enfants composeront le cortège. Réglez dès à présent le rôle de chaque petit. Qui portera le coussin d'alliances ? À quelle heure fixerez-vous le rendez-vous ? Comment les enfants entreront-ils dans l'église, en se tenant par la main, en tenant votre voile ? Faites-vous des scénarios et choisissez ce qui vous plaît. Notez tout sur votre cahier.

✓ Vous choisissez votre robe de mariée

Voici plusieurs semaines que vous courez les magasins et multipliez les essayages. Il va être temps de vous décider. Ce qui est essentiel : vous devez vous sentir bien dans cette robe, c'est-à-dire à l'aise, physiquement et psychologiquement. Pas de bretelle qui tombe, de taille qui serre, par exemple. Pas de style qui ne vous ressemble pas.

Une belle coutume

Jadis, on utilisait le tulle de son voile de mariée pour recouvrir le berceau de son premier-né.

Chère robe…

Dans tous les sens du terme, une robe de mariée est chère. Chère par le symbole de l'engagement, du duo amour-toujours et chère par le montant qu'il faut débourser. Ce qui sous-entend la question : est-ce raisonnable de dépenser beaucoup d'argent pour une robe d'un jour ? Et que vais-je en faire plus tard ? Vous aurez des réponses contradictoires à ces questions. Voici quelques idées :

- Mettre votre robe dans un dépôt-vente, dans un ou deux ans (pas plus tard, car la mode évolue vite), et investir l'argent de la vente dans un achat pour tous les deux. Vous pouvez également la mettre en location.
- Transformer votre robe en robe de soirée, en la teignant, ou en la raccourcissant.
- La garder pour votre fille ou votre petite-fille…

Presque inséparables de la robe : le jupon qui donne de l'ampleur, ou le fond de robe, qui fluidifie la silhouette, selon le modèle.

Lorsque vous aurez choisi votre robe, comptez trois ou quatre essayages pour les retouches en fonction des accessoires et, en particulier, de la hauteur des talons de vos chaussures et de votre soutien-gorge qui ne doit pas se laisser deviner, même sous un bustier. Votre robe vous sera livrée quelques jours avant la cérémonie.

Vous achetez les accessoires

Même s'ils sont accessoires, ils doivent être coordonnés à la robe. Vous pensez que vous avez bien le temps de vous en occuper ? Non, car les essayages de la robe sont faits avec les chaussures, pour la longueur de l'ourlet, et avec les sous-vêtements, pour s'assurer que tout est d'une absolue discrétion.

1. Les chaussures

Des souliers blancs, ce n'est pas si difficile à choisir, pensez-vous ? Hé bien si, car il faut tenir compte de trois critères incontournables :

- *La hauteur du talon :* si vous portez toujours des talons plats, n'investissez pas dans des talons hauts, certes très gracieux, mais que vous ne pourrez pas supporter plus d'une heure. Vous aurez mal au dos et votre démarche sera chaloupée ! Petits talons aussi si votre futur mari est à peine plus grand que vous, question d'esthétique pour les photos.
- *La couleur :* il y a blanc et blanc, le saviez-vous ? Du blanc cru, du blanc légèrement ivoire, ou coquille d'œuf, ou rosé… Prenez un petit échantillon du tissu de votre robe, si possible pour aller acheter vos chaussures.
- *Le confort :* n'oubliez pas que vous les porterez plus de douze heures d'affilée. Même si vous les portez à l'avance chez vous pour les « faire » à votre pied, ne prenez pas de chaussures dans lesquelles vous n'êtes pas parfaitement à l'aise dès l'essayage.

2. Les sous-vêtements

Ils sont blancs ou chair et invisibles sous la robe. Pas de bretelles qui glissent ou qui marquent, pas de dentelles qui se devinent sous une étoffe légère. Pour vos essayages, prenez un T-shirt blanc très fin et voyez l'effet. Là encore, soyez confortable. La coupe et la matière seront fonction de la robe. Les balconnets en dentelle si mignons sont parfaits avec un bustier. Les push-up sont permis aussi. Le moins visible avec un bustier : les coques incorporées. Sous un fourreau ou un tissu léger, mieux vaut de la microfibre seconde peau. Pour le bas, le string est incognito sous un fourreau. Avec une jupe large, vous pouvez tout porter, même un panty amincissant qui gomme le ventre et remonte les fesses ! Pas vraiment glamour mais efficace. N'oubliez pas la jarretière si vous voulez céder au jeu de la jarretière de la mariée, à vous procurer dans un magasin spécialisé dans les accessoires de mariage (environ 15 euros).

La jarretière de la mariée

Ce ruban orné de fleurs était destiné à retenir les bas des mariées à l'époque où le collant n'existait pas encore. La coutume voulait que la jarretière de la mariée fût mise aux enchères afin que les époux se constituent une cagnotte.

3. Les collants

Oui, vous en porterez, même en été, car ils sont indispensables pour éviter le frottement des chaussures sur la peau. À moins de porter des bas avec jarretières, bien sûr. Bas et collants seront clairs. Une seule exception : pas de collants ni de bas avec des chaussures découpées style sandales, car rien n'est plus disgracieux que les coutures visibles.

4. Les gants

Ils ne sont pas indispensables, mais donnent de la classe à certaines tenues. À choisir selon le style de la robe : des gants longs sont somptueux avec un fourreau ou une robe de style Empire, des gants courts sont raffinés avec une robe à crinoline, ou avec un tailleur court. Notez que vous retirerez vos gants au début de la cérémonie en prévision de l'échange des anneaux.

5. Le sac

Vous aurez un bouquet entre les mains. Le sac sera plus encombrant qu'utile. Vous confierez votre nécessaire de maquillage à votre mère, à votre sœur ou à votre meilleure copine si vous voulez vous repoudrer le nez avant la réception.

Mariage pluvieux, mariage heureux

Et s'il pleut à la sortie de la cérémonie ? Quelqu'un aura bien un parapluie à vous prêter, mais parions que ce sera un parapluie noir ou, pire, un parapluie publicitaire. Investissez dans un joli parapluie blanc, qui sera du plus bel effet sur les photos (environ 15 euros).

Vous prévoyez votre coiffure

Voile ou pas ? Il est le symbole du mariage, mais les couronnes de fleurs, les peignes ornés de fleurs, les voilettes sont tout aussi jolis. La coiffure doit être en parfaite harmonie avec la robe. Un voile de tulle long de plusieurs mètres s'accorde avec une robe traditionnelle à traîne ; un voile court est joli avec un tailleur long ou court. Un petit bibi donne du cachet à une robe simplissime. Attention aux capelines, qui cachent souvent un peu le visage ; pas idéal pour les photos, pas pratique non plus quand on doit embrasser des dizaines de personnes. La coiffure doit aussi s'accorder avec votre chevelure. Longue ou courte ? Chignon ou boucles libres ? Pensez-y dès maintenant pour avoir la bonne longueur le jour J et demandez conseil à votre coiffeur habituel.

Glanez des idées sur Internet

Des voiles en tulle tout simples, ou bordés de dentelle, de broderies, d'incrustations, des chapeaux, des diadèmes, des coiffes… sans bouger de votre fauteuil, vous pourrez faire une première sélection de ce que vous aimez et ce que vous n'aimez pas.

Vous pensez aux bijoux

L'heure est à la sobriété. Selon la tradition, le seul bijou d'une mariée doit être sa bague de fiançailles portée exceptionnellement à la main droite, l'annulaire de la main gauche devant être nu pour recevoir l'alliance. Une exception : des perles aux oreilles ou en ras-du-cou. La tradition s'assouplit un peu aujourd'hui. Un joli sautoir de perles met en valeur une robe style 1900, des pendentifs en perles soulignent un cou délicat. Dans tous les cas, restez modeste.

Comment vous habiller pour le mariage civil ?

Si vous vous mariez à la mairie plusieurs jours ou plusieurs mois avant la cérémonie religieuse, prévoyez tous les deux une tenue de ville élégante. Pas de protocole particulier. Les hommes, marié, pères, frères, témoins masculins portent un costume-cravate. Les femmes portent des robes. La fiancée peut oser le long ou le court, le blanc ou la couleur, tête nue ou chapeau. L'usage veut qu'elle porte un bouquet de fleurs assorties à sa robe.

☑ Vous réfléchissez à votre liste de mariage

Dans quelques mois, vous allez envoyer vos faire-part. Vos invités vous demanderont très probablement où vous avez déposé votre liste de mariage. Pensez-y dès maintenant.

1. Que demander ?

Commencez à noter ce qui vous manque et ce dont vous avez envie. La planche à découper, mais aussi le blender pour les smoothies, l'aspirateur et surtout la méridienne en cuir blanc qui vous fait rêver.

La gamme des cadeaux de mariage est vaste, de la perceuse électrique si Monsieur est un as du bricolage, aux couverts en métal argenté si Madame est une inconditionnelle des traditions, en passant par le linge de maison, l'œnologie et la Hi-fi, sans oublier le mobilier et le voyage de noces. Bien sûr, vous pourrez mettre n'importe quoi sur votre liste, puisque vous pouvez tout changer, mais cette pratique n'est pas idéale. Vous apprécierez chaque matin en préparant votre petit déjeuner de penser aux copains qui vous ont offert votre machine à café.

Où sont passées les assiettes de Tante Julie ?

Votre tante a choisi avec beaucoup de soin les douze assiettes magnifiques que vous aviez inscrites sur votre liste. Elle a même poussé le scrupule à aller chez le fabricant pour voir le modèle. Comment allez-vous lui annoncer que vous avez échangé ses assiettes contre la location d'une Range Rover pour votre safari en Afrique du Sud ?

2. Où déposer votre liste ?

Les « boutiques blanches » sont nombreuses. Soit vous déposez votre liste dans un grand magasin qui propose presque toutes les marques dans tous les domaines, soit vous passez par un site qui a le plus souvent les mêmes partenaires. Dans les deux cas, vos invités ont accès à votre liste par Internet et peuvent commander et régler leur cadeau en ligne. Certains sites vous proposent de créer vos pages d'accueil, avec photos des fiancés, de la famille, des témoins, et récapitulatif de l'organisation du mariage. Vous faites la sélection des cadeaux sur le site des partenaires, vous pouvez la modifier d'un clic. Bref, souplesse absolue pour tout le monde.

Et pour ceux et celles, rares maintenant, qui ne disposent pas d'Internet ? Vous pouvez déposer une petite liste dans un magasin (linge de maison, par exemple) de ville. Les donateurs peuvent ainsi voir et toucher leur cadeau.

3. Comment choisir le bon prestataire ?

Demandez l'avis de vos amis mariés, consultez les blogs. Rendez-vous dans les magasins, testez l'accueil, demandez si on met à votre disposition une conseillère pour dresser votre liste, s'il est facile de modifier la liste une fois qu'elle est déposée, si vous bénéficierez d'une remise sur vos achats ultérieurs.

4. Comment ça fonctionne ?

Vous dressez une liste d'objets qui seront classés par rubriques. Si vous voulez que vos invités financent votre voyage de noces, celui-ci sera découpé en nuits d'hôtels, en journée de location de voiture, en excursions, en miles d'avion.

5. Quand déposer sa liste ?

Au moment de l'envoi des faire-part, c'est-à-dire trois à quatre mois avant le jour J (on se retrouve p. 159).

Vous programmez votre voyage de noces

Vous voulez faire un voyage inoubliable pour cette occasion unique. La plupart des agences de voyages ont pensé à vous et vous proposeront des formules adaptées à vos désirs et à votre budget.

1. Quand partir ?

Logiquement, on part juste après le mariage, deux ou trois jours après, le temps de récupérer des festivités. La lune de miel « réchauffée », deux ou trois mois après la cérémonie perd un peu de son charme. Prévoyez déjà vos congés. Discutez-en éventuellement avec votre employeur pour justifier votre demande.

Congé légal

Si vous êtes salarié, la loi vous accorde 4 jours ouvrables de congés payés pour votre mariage.

2. Comment financer le voyage ?

Vous pouvez faire financer tout ou partie de votre voyage par vos invités via la liste de mariage. Autre possibilité : le prêt à la consommation, à négocier avec votre banquier.

3. Où aller ?

Vous manquez d'imagination ? Les îles au soleil, le circuit touristique, la croisière sur le Nil, le soleil de minuit au pôle, la vie de star à Las Vegas, le safari en Afrique, le séjour à Capri, les gondoles à Venise… Allez faire un tour sur les sites des agences de voyage, étudiez les promotions.

Mais un long week-end dans un relais-châteaux est bien agréable aussi, si vous disposez de peu de temps.

4. Quand retenir ?

Certaines destinations sont très recherchées, surtout à l'époque des vacances scolaires. Réservez dès que vous êtes décidés et prenez une assurance annulation pour avoir l'esprit libre. Notez les documents nécessaires (passeports en cours de validité, visas), ainsi que les éventuelles vaccinations obligatoires. Faites refaire vos papiers si nécessaire et respectez le calendrier des vaccinations qui vous est indiqué.

Les urgences du mois

Décider de votre tenue et penser au voyage de noces

L'ASTUCE EN +

Pour compléter votre lecture, retrouvez en bonus 3 tableaux à remplir directement sur Excel et suivre ainsi, pas à pas, toute l'organisation de votre mariage. Pour cela, scannez ce code ou rendez-vous sur la page :
http.//blog.editionsleduc.com/checklist-mariage.html

Vos notes

Choix des enfants d'honneur

Âges à la date du mariage

Choix d'une baby-sitter (coordonnées)

Composition du cortège (entrée et sortie de l'église)

Choix de votre robe

Date des prochains essayages

Achat des accessoires

Chaussures :

Sous-vêtements :

Collants :

Gants :

Choix de la coiffure

Choix de la tenue du mariage civil

Vos notes

Idées de cadeaux à mettre sur la liste de mariage

Visites des sites et des lieux pour la liste

Idées voyage de noces

Dates de congés

Agences de voyages

Documents nécessaires

Vaccins nécessaires (dates d'injection et de rappel)

Vos notes

Vos rendez-vous du mois

Vos notes du mois

J – 7 MOIS

Ce mois-ci :

- ❑ Vous choisissez le menu et les vins
- ❑ Vous décidez des boissons du cocktail
- ❑ Vous choisissez le champagne
- ❑ Vous louez le matériel
- ❑ Vous prévoyez les animations
- ❑ Vous pensez à la couleur de votre mariage

☑ Vous choisissez le menu et les vins

Lorsque vous avez retenu le traiteur, vous avez demandé à choisir le menu et les boissons de votre repas après une dégustation. En général, les menus proposés comportent un choix entre deux ou trois entrées et deux ou trois plats. Pour apprécier en connaissance de cause, demandez à déguster chaque plat proposé. La dégustation est souvent offerte par le traiteur pour six personnes (les futurs mariés et leurs parents). Si le menu comporte trois entrées au choix, chacune d'elles sera servie pour deux personnes. Vous partagerez entre vous afin que chacun puisse goûter et donner son avis. Munissez-vous d'un bloc pour noter vos remarques. Les traiteurs proposent en général des mets qui plaisent au plus grand nombre et savent harmoniser les plats d'un même menu.

Plats à risques

Difficile de faire très original sans risques. Pour plaire au plus grand nombre, il est préférable de rester classique. Évitez le porc, le lapin (vous ne connaissez pas forcément la religion de tous les invités), les crustacés (risques d'allergies), les plats épicés (les seniors n'apprécient pas forcément).

Un repas de mariage se clôt par le gâteau des mariés, pièce montée traditionnelle que les époux découpent ensemble. Le gâteau est, selon la coutume, une pièce montée composée de choux à la crème, enrobés d'un voile de caramel et piqués de dragées, surmonté de deux figurines représentant les mariés. Demandez au traiteur s'il a d'autres idées plus originales, comme un opéra ou un fraisier, par exemple, disposés en pièce montée. Très tendance : la pyramide de macarons.

Avec les plats, le traiteur peut vous proposer les vins. Un principe : évitez les mélanges de crus. Servez deux vins au maximum pendant le repas.

1. Négociez

N'hésitez pas à négocier le tarif des vins : soit un forfait par personne, soit une facturation à la bouteille consommée ce qui reste difficile à contrôler. Autre point à évoquer, le service : les bouteilles sont-elles laissées sur les tables afin que les convives se servent eux-mêmes, ou le personnel se charge-t-il du service ?

Il en est de même avec le champagne. Attention, les prix des champagnes varient considérablement selon les marques.

2. Si le traiteur ne fournit pas les boissons

C'est donc à vous de les commander, de les faire livrer sur le lieu de la réception. Le personnel les servira. Mais, dans ce cas, un droit de bouchon peut être imposé : à négocier aussi (on retrouve p. 52).

Lorsque vous aurez, avec votre famille, choisi le menu, demandez confirmation au traiteur par écrit. Confirmez aussi le nombre de menus pour les prestataires (DJ, baby-sitter, photographe) et le nombre de menus enfants.

☑ Vous décidez des boissons du cocktail

Champagne, bien sûr, mais encore ? Des jus de fruits.

Autres options : les alcools classiques, porto, whisky… Si vous aimez les cocktails, renseignez-vous auprès du traiteur : les fournit-il ou faudra-t-il que vous les composiez vous-mêmes ? Dans ce cas, pouvez-vous acheter vous-mêmes les composants ?

☑ Vous choisissez le champagne

C'est à vous de fournir le champagne. À moins que vous ou quelqu'un de votre famille ait un fournisseur habituel, vous allez avoir l'embarras du choix.

1. Comment choisir ?

Si vous avez du temps et si vous aimez flâner, allez voir les producteurs, organisez-vous un beau week-end de dégustation en Champagne. Si vous manquez de temps, demandez conseil à un caviste, après avoir établi votre budget. Car entre le champagne classique d'un petit producteur et le *must* d'une grande maison, il y a une grande différence de prix (de 14 euros à 200 euros environ la bouteille).

2. Brut ou doux ?

Vous pouvez choisir un champagne brut pour l'ensemble de la réception, ou du brut pour l'apéritif et la soirée, et un demi-doux pour accompagner le dessert.

3. Organisez une dégustation chez vous

Si vous hésitez entre plusieurs marques, organisez une soirée dégustation chez vous en faisant goûter plusieurs crus (cinq est un maximum) à quelques amis et à votre famille, à l'aveugle. Cachez les étiquettes avec une serviette, numérotez chaque cuvée. Prévoyez en accompagnement des canapés délicats qui n'altèrent pas le goût du vin. Servez-le très frais, dans des flûtes ou des coupes, pas dans des gobelets en plastique. Demandez à chaque participant de faire un classement. En cas d'ex aequo, refaites une dégustation sur les trois premiers retenus, toujours à l'aveugle.

4. Quelle quantité prévoir ?

Une bouteille pour quatre personnes pour l'apéritif, une bouteille pour deux personnes si vous servez du Champagne au dessert et après le dîner.

Une astuce : prévoyez large si vous craignez de manquer et demandez au producteur de vous reprendre les caisses non ouvertes. Autre solution : revendez les bouteilles intactes à votre famille, à vos amis. Pensez aussi à mettre de côté des bouteilles pour le brunch du lendemain, si vous l'avez prévu.

Bouteilles d'exception pour événement exceptionnel

Magnum	=	2 bouteilles
Jéroboam	=	4 bouteilles
Réhoboam	=	6 bouteilles
Mathusalem	=	8 bouteilles
Salmanazar	=	12 bouteilles
Balthazar	=	16 bouteilles
Nabuchodonosor	=	20 bouteilles

5. Vous contactez le producteur

Vous pouvez négocier avec lui le prix des bouteilles et la gratuité des frais de livraison, en fonction du nombre de bouteilles commandées. Laissez entendre que vous pourriez lui passer des commandes ultérieures pour votre consommation personnelle et devenir ainsi un client fidèle. Cet argument ne le laissera pas insensible. Et si ce champagne vous plaît, pourquoi ne pas faire des commandes groupées avec des amis afin d'obtenir le port gratuit ?

Prévoyez une livraison sur le lieu de la réception si possible plusieurs jours à l'avance, pour que les bouteilles soient entreposées au réfrigérateur. Une précaution : toutes les caisses doivent être étiquetées à votre nom, afin d'éviter les confusions entre plusieurs réceptions.

Quelques petits PLUS

Demandez au producteur qu'il mette des muselets « cuvée des mariés » sur les bouteilles, pour les collectionneurs (ou les non-collectionneurs qui pourront toujours les vendre sur le net).
Possible aussi, des étiquettes personnalisées portant les prénoms des mariés et la date de la cérémonie.
Ou encore une maxi-bouteille, servie avec le gâteau, dont l'étiquette sera signée par les témoins, à garder en souvenir.

Vous louez le matériel

S'il n'est pas fourni par le lieu de réception ou le traiteur, c'est à vous de le louer.

1. Que peut-on louer ?

À peu près tout. Faites la liste de ce qui vous sera nécessaire : tentes pour l'extérieur, tables rondes, tables rectangulaires pour les buffets, chaises, nappes, serviettes, assiettes, verres, couverts… Vous ne pouvez sans doute pas fixer exactement dès maintenant le nombre de verres ou d'assiettes qui sera nécessaire, puisque vos invitations ne sont pas encore parties. Prenez comme base votre liste d'invités, vous ajusterez une quinzaine de jours avant la réception.

2. Où louer le matériel ?

De nombreux organismes proposent du matériel dans toutes les régions. Choisissez de préférence une société qui peut tout vous louer : vous négocierez plus facilement. Renseignez-vous auprès de vos amis, du traiteur ou du responsable du lieu de réception. Visitez les sites des loueurs de matériel.

Quelques prix de location

- Les tentes : environ 150 à 400 euros selon la taille (de 20 à 60 m²).
- Les tables (rondes ou rectangulaires) : 8 à 10 euros pièce.
- Les chaises (pliantes) : de 1 euro à 3 euros selon le matériau.
- Les chaises avec housse : environ 6 euros pièce.
- Les nappes (rondes ou rectangulaires) : environ 6 euros pièce.
- Les assiettes (blanches ou de couleur, rondes ou carrées) : environ 3 euros pièce.
- Les verres (à pied ou gobelets) : environ 0,40 euro pièce.
- Les couverts : environ 2 euros pour un ensemble couteau + fourchette + couverts à poisson + couverts à dessert.

3. Comment ça se passe ?

Vous remettez la liste du matériel nécessaire, vous recevez un devis détaillé, vous signez un contrat en versant 50 % d'acompte, vous faites un inventaire du matériel à la livraison, vous versez une caution pour garantir la casse ou la perte. Les nappes, les serviettes, les verres, les assiettes, les couverts sont repris sales après usage. Vous faites un inventaire à la restitution du matériel, et votre caution vous est rendue. Le transport est facturé en plus. Les tarifs de location s'entendent, en général, pour le week-end, du vendredi au lundi, ou pour 48 heures en semaine.

☑ Vous prévoyez des animations

Vous avez envie d'amuser, ou d'épater vos copains. Trouvez un ou plusieurs petits plus.

1. Animations cocktail

Ces « stands » répartis dans le salon ou les jardins sont en général très appréciés. Quelques exemples :

- *animation foie gras :* un cuisinier fait cuire des lamelles de foie gras cru à la plancha devant les invités ;
- *animation tapas :* ce sont des spécialités espagnoles cuites à la plancha (chorizo, moules, calamars…) ;
- *animation huîtres :* un écailler les ouvre devant les invités ;
- *animation brochettes :* minibrochettes de poulet, de boudins…

Demandez conseil à votre traiteur.

2. Animations gourmandes pour la soirée

On dansera toute la nuit ? Alors pensez aux affamés. Proposez des gourmandises :

- machine à barbe à papa (environ 120 euros) ;
- machine à churros (environ 180 euros) ;

- machine à pop-corn (environ 50 euros).

Contactez un loueur de matériel d'animations.

3. Animations spectacles

- Lâcher de ballons (200 ballons pour 260 euros environ) ;
- Feu d'artifice (environ 500 euros).

☑ Vous pensez à la couleur de votre mariage

Quelle couleur ? Le blanc, bien sûr, mais il est de plus en plus tendance d'y associer une couleur, délicate ou vive : du beige rosé très classe au fuchsia très flashy en passant par le vert tendre, à votre gré, et parfois même des imprimés.

1. Une couleur ? Pour quoi faire ?

Cette couleur rehaussera vos faire-part (on se retrouve p. 132), décorera vos tables et même la tenue de vos enfants d'honneur (on se retrouve p. 119), et votre robe de mariée aussi, pourquoi pas. Elle sera le trait d'union entre toutes les étapes de votre cérémonie.

2. Comment choisir votre couleur ?

- *En fonction de votre robe de mariée* : si vous avez choisi une touche de couleur pour votre robe, ou un imprimé, ce sera la couleur de base de toute la déco de votre cérémonie.

- *En fonction de la région* : rouge et jaune si la réception a lieu au pays basque, par exemple ; mais la couleur peut aussi être un imprimé, comme un tissu provençal si vous vous mariez dans cette région.
- *En fonction du gâteau des mariés...* : si vous rêvez d'une pièce montée en macarons roses et verts, prenez ces couleurs comme thème, ou un joli rose vif si vous avez prévu un fraisier.
- Ou tout simplement *en fonction de vos goûts personnels.*

Les nuances sont très nombreuses ; pour trouver des idées, regardez dans un magasin de bricolage un nuancier de peinture, ou allez flâner dans un magasin spécialisé dans les loisirs créatifs, le dessin. Pensez cependant à la difficulté, pour certaines teintes, de tout harmoniser.

Formes et couleurs

Après avoir choisi une couleur, pourquoi ne pas opter pour une forme : des ballons, des papillons, des plumes, des trèfles... qui deviendront l'emblème de votre mariage.

L'urgence du mois

Le menu et les boissons

Vos notes

Menu choisi

Vins choisis

Boissons du cocktail

Sélection des champagnes

Champagne choisi

Matériel à prévoir

Contacts pris pour location matériel

Animations envisagées

Contacts pris pour animations

Couleur choisie pour le mariage

Vos notes

Vos rendez-vous du mois

Vos notes du mois

J – 6 MOIS

Ce mois-ci :

- ❑ Vous choisissez les tenues des enfants d'honneur et vous les commandez
- ❑ Vous vous informez sur les régimes matrimoniaux
- ❑ Vous prenez rendez-vous chez votre coiffeur pour mettre au point votre coiffure

Voilà déjà six mois que vous avez commencé à préparer votre mariage. Les grandes décisions sont presque toutes prises.

☑ Vous choisissez les tenues des enfants d'honneur et vous les commandez

Vous savez maintenant le nombre d'enfants qui feront partie du cortège. Il est temps de penser à les habiller.

1. Comment choisir la tenue des enfants ?

Les petites filles rêvent de robes de princesse, leurs mères souhaitent une tenue que les enfants puissent reporter facilement. Il faut surtout qu'elle soit en harmonie avec la toilette de la mariée. Si votre robe a une touche de couleur, ou si vous avez choisi une couleur pour vos faire-part et la décoration de vos tables, assortissez les accessoires des enfants : ceintures, et le plus souvent des rubans dans les cheveux pour les filles.

2. Où l'acheter ?

Plusieurs possibilités :

- Vous achetez les tenues dans un magasin de prêt-à-porter pour enfants ; il existe des collections de robes habillées, et des bermudas et des chemises élégantes pour garçons dans de nombreuses enseignes.
- Vous achetez les tenues dans un magasin qui a un département « cortège ».

Dans les deux cas, comptez un délai de six mois pour commander les tenues. Certains magasins ne peuvent pas assurer de vous livrer plusieurs robes de même taille si vous vous y prenez trop tard, les stocks étant souvent limités.

3. Qui finance ?

C'est la future mariée ou ses parents qui, en principe, offre les tenues de ses enfants d'honneur. Mais il est admis que les mères proposent de régler les frais, ou du moins d'y participer, en fournissant au moins les chaussures qui devront être de même couleur à défaut d'être semblables. Comptez environ 100 euros par enfant sans les chaussures.

4. Comment procéder ?

Demandez aux mères des enfants leur âge exact et leurs mensurations (taille, poids, tour de taille), transmettez-les aux vendeuses qui apprécieront la taille nécessaire. Passez commande par écrit, en précisant bien le nombre de tenues, les tailles et en exigeant une livraison quinze jours avant la cérémonie, pour avoir le temps de remettre les tenues aux mamans, et de retoucher éventuellement un ourlet.

Des idées pour votre cortège

- *Classique d'été :* robes blanches pour les filles, avec une ceinture de couleur ; bermudas blancs et chemises blanches ou rayées et la même ceinture de couleur pour les garçons.
- *Classique d'hiver :* robes en velours de couleur pour les filles ; bermuda gris en flanelle avec une ceinture de velours de la même couleur pour les garçons.
- *Chaussures d'été :* des tennis blanches pour lesquelles les lacets sont remplacés par du tulle.
- *Chaussures d'hiver :* des babys pour les filles ; des mocassins pour les garçons.
- *Coiffure d'été pour les filles :* des barrettes, des chouchous ou un serre-tête avec des fleurs piquées, ou encore un petit chapeau de paille rond orné de rubans de couleur.
- *Coiffure d'hiver pour les filles :* serre-tête en velours.

Elles adorent… un ruban de dentelle cousu au bas de la robe, ou un jupon de tulle blanc ou de couleur façon « Petites filles modèles ».

☑ Vous vous informez sur les régimes matrimoniaux

On s'aime et tout va bien. On n'a pas beaucoup de sous, mais on fait avec. Très bien. Mais il faut prévoir l'avenir qui peut parfois être sombre. Au moment où l'on officialise sa relation, il faut aussi penser à l'aspect juridique du couple et envisager la signature d'un contrat de mariage. Se protéger en cas de divorce ou de veuvage ne remet pas en cause votre confiance mutuelle ; c'est au contraire une marque de responsabilité.

1. Le régime légal

Si vous ne signez pas de contrat chez un notaire, vous serez mariés automatiquement sous le régime de la communauté réduite aux acquêts, qui est le régime légal en France. Chacun de vous deux conserve l'entière propriété des biens qu'il avait avant le mariage, que l'on nomme « biens propres » dans le langage juridique. À partir du jour du mariage civil, les biens achetés vous appartiennent par moitié ; ils font partie de la communauté que vous formez. Ce sont les biens communs, même si l'un a beaucoup plus financé l'achat que l'autre. En revanche, chacun de vous deux a l'entière propriété des biens qu'il reçoit par héritage ou par succession.

- *Avantages* : au décès de l'un des époux, le survivant a la moitié des biens communs sans droits de succession à payer ; en cas de divorce, le partage est simplifié : on divise par deux les biens communs.

- *Inconvénients* : si l'un des époux est du style « panier percé » et contracte des dettes, son conjoint devra les payer, non seulement sur les biens de la communauté mais aussi sur ses biens propres ; si l'un des conjoints a des revenus beaucoup plus importants que l'autre, il financera sans doute majoritairement ou totalement certains achats qui seront malgré tout la propriété des deux à parts égales, ce qui constitue un cadeau non négligeable pour son conjoint. Pour vendre un bien, ou même le louer, l'accord des deux conjoints est indispensable.

Ce régime est dangereux si l'un des conjoints est chef d'entreprise car, en cas de faillite, tous les biens du couple sont menacés d'être liquidés.

Il faut le savoir

Les revenus tirés d'un bien propre tombent dans la communauté. Par exemple, si vous avez hérité d'un studio que vous louez, le loyer que vous percevez fait partie des revenus communs, même si le studio est votre propriété personnelle.

2. La séparation de biens

Les biens détenus par les conjoints avant leur mariage restent leur propriété personnelle, ainsi que ceux reçus par succession ou par donation, et les biens acquis pendant le mariage sont la propriété de celui qui les finance. Si les époux achètent ensemble un bien en le finançant ensemble, le bien appartient à chacun en proportion de ce qu'ils ont investi.

- *Avantages :* si l'un des conjoints fait des dettes, l'autre n'est pas inquiété sur ses biens personnels, sauf si les dettes concernent les impôts et les dépenses relatives à l'entretien du ménage.
- *Inconvénients :* l'épouse qui cesse de travailler pour élever ses enfants, et qui est donc privée de revenus personnels, peut se retrouver complètement démunie, en cas de divorce, si son époux a acheté les biens en son nom à lui. Idem en cas de décès du conjoint.

Un cas pratique

Antoine et Laura ont acheté une super-voiture à 200 000 euros. Antoine, qui gagne deux fois plus que Laura, a tout financé. S'ils sont mariés sous le régime de la communauté, la voiture appartient à tous les deux, ce qui fait que Laura a un avantage de 100 000 euros. S'ils sont mariés sous le régime de la séparation de biens, la voiture appartient à Antoine seul. Admettons que Laura ait apporté 20 000 euros pour l'achat de la voiture ; sous le régime de la communauté, rien de change. Sous le régime de la séparation de biens, elle possède 1/10e de la voiture…

3. La communauté universelle

Dans ce régime, tous les biens acquis et reçus avant et pendant le mariage sont communs. En cas de dettes, tout le patrimoine est engagé. Ce contrat lèse les enfants et, généralement, il n'est pas recommandé aux jeunes époux. En revanche, il peut s'appliquer à des couples quinquagénaires sans enfants qui se marient et qui veulent protéger leurs conjoints aux dépens d'une famille éloignée.

4. La participation aux acquêts

Ce régime est hybride ; il combine les avantages de la séparation de biens pendant le mariage et les avantages de la communauté réduite aux acquêts au moment de la dissolution du mariage, pour cause de décès par exemple. Chaque conjoint possède ses biens et les gère comme il l'entend, mais à la fin du mariage, le conjoint survivant profite de l'enrichissement de l'autre. Si le patrimoine a diminué il ne percevra rien mais, s'il a fructifié, il en percevra la moitié. Ce régime est recommandé lorsque l'un des conjoints exerce un métier qui comporte des risques financiers importants (entrepreneur, par exemple).

5. Quel est le bon choix ?

Vous pouvez parfaitement vous marier sans contrat, mais si vous hésitez, avant de prendre une décision le mieux est de consulter un notaire qui vous conseillera en fonction de vos patrimoines familiaux, de vos revenus respectifs et de vos projets. Sachez qu'il est possible d'inclure des clauses particulières à chaque contrat, et que vous pourrez changer de régime matrimonial au cours de votre union, après deux ans de mariage, à condition de justifier que vous le faites dans l'intérêt de la famille.

6. Comment procéder ?

Si vos parents ou vous-même avez déjà un notaire, c'est tout naturellement à lui que vous pouvez confier la rédaction de votre contrat de mariage. Téléphonez-lui pour prendre un premier rendez-vous tous les deux au cours duquel vous exposerez vos situations. Il vous donnera la liste des pièces à lui remettre pour l'établissement du contrat. Dès lors qu'il aura les pièces, il pourra rédiger le contrat et vous devrez repasser à l'étude tous les deux pour le signer. Il vous faudra ensuite déposer un exemplaire de votre contrat de mariage à la mairie. Attention, dans certaines villes le contrat doit être remis au service des mariages un mois au plus tard avant la date de la cérémonie.

Mariage mixte : le conseil d'un notaire s'impose

En l'absence de contrat de mariage, le régime matrimonial qui s'impose est celui du pays dans lequel les époux établissent leur première résidence. Ainsi, un Français et une Anglaise qui s'installent à Londres sont soumis au régime matrimonial anglais. S'ils s'installent à Bordeaux, c'est le droit français qui régit leur union. La situation varie selon les pays, et le droit de la famille, dans certains pays, est en pleine mutation. Pour éviter les complications, un conseil, donc : consultez les textes des conventions internationales sur les régimes matrimoniaux (on se retrouve au carnet d'adresses p. 235) et prenez rendez-vous chez un notaire.

☑ Vous prenez rendez-vous chez votre coiffeur pour mettre au point votre coiffure

Vous avez choisi les accessoires de coiffure qui s'accordent avec votre robe : des perles, des strass, des fleurs, des plumes, un voile… Maintenant, il faut prévoir la bonne longueur de cheveux, et le bon style de coupe.

1. Pour avoir des idées

Regardez des photos de coiffures de mariées, dans des magazines spécialisés mariage, mais aussi sur Internet.

2. Négociez un forfait mariage

Prenez rendez-vous chez votre coiffeur et apportez, si possible, une photo de votre robe et des accessoires de coiffure. Demandez-lui s'il pratique des forfaits, comprenant cet entretien préalable au cours duquel vous définirez ensemble la coiffure à prévoir le jour J, un essai quelques semaines ou un mois avant où il réalisera la coiffure choisie, et enfin le rendez-vous le jour du mariage. La plupart des coiffeurs proposent des forfaits, allant de 60 à 150 euros selon la région et selon le travail à réaliser.

3. Planifiez vos rendez-vous

Le coiffeur vous dira s'il faut laisser pousser vos cheveux, pendant combien de temps, à quelle date il est souhaitable éventuellement de faire une couleur, un balayage, etc. Notez dès maintenant sur votre planning les dates de vos futurs rendez-vous.

Changement de look ?
Prudence !

Si vous avez envie de changer de tête, c'est-à-dire modifier votre couleur, revoir votre coupe, opter pour une frange, faites-le maintenant, pas huit jours avant la cérémonie. Imaginez que le résultat vous déçoive ? Six mois avant, vous pourrez toujours rattraper une erreur.

L'urgence du mois

La tenue des enfants d'honneur

L'ASTUCE EN +

Pour compléter votre lecture, retrouvez en bonus 3 tableaux à remplir directement sur Excel et suivre ainsi, pas à pas, toute l'organisation de votre mariage. Pour cela, scannez ce code ou rendez-vous sur la page :
http.//blog.editionsleduc.com/checklist-mariage.html

Vos notes

Tenue des filles du cortège

Tenue des garçons du cortège

Mensurations des enfants

Tenues commandées le

Chez

Visite au notaire

Rendez-vous chez le coiffeur

Vos notes

Vos rendez-vous du mois

Vos notes du mois

J – 5 MOIS

Ce mois-ci :

- ❑ Vous composez les faire-part
- ❑ Vous rédigez l'invitation
- ❑ Vous préparez les pièces jointes
- ❑ Vous contactez un imprimeur
- ❑ Vous mettez au point le listing des invités

Votre faire-part va donner le ton de votre mariage, refléter votre état d'esprit, votre goût pour la tradition ou la fantaisie. Si vous vous conformez aux faire-part protocolaires, votre tâche sera simple. Mais si vous recherchez un faire-part original, prévoyez du temps et donnez libre cours à votre imagination.

☑ Vous composez les faire-part

La grande affaire ! Le faire-part annonce votre mariage, bien sûr, mais il donne aussi le ton de la cérémonie. Tout ou presque est permis aujourd'hui dans ce domaine. Du grand classique à la pure fantaisie. C'est une affaire de goût. Cependant, le faire-part et sa compagne, l'invitation doivent remplir leur mission : annoncer votre mariage et convier à la réception. Vous pouvez vous inspirer des faire-part de vos amis, de ceux de vos parents, de ceux des sites Internet et des imprimeurs.

1. La couleur du papier

On imprime sur du blanc, du beige, du rosé, du bleuté, pourquoi pas du vert ou du rouge. Attention à la lisibilité.

2. Le poids du papier

Le papier est assez épais (130 g minimum). Les enveloppes sont en principe assorties au papier, même grammage, même couleur, même grain.

Tendance

- Le papier-calque, qui se décline dans de nombreuses couleurs, vives ou pastel (environ 1 euro la feuille au format A4) avec enveloppes assorties (de 8,50 à 9,50 euros les dix selon le format) dans les grandes papeteries.
- Les initiales, que l'on appose sur la page de couverture (5 euros le tampon d'une lettre, 15 euros la boîte d'encre) dans les papeteries.
- Le raphia assorti au papier (2 euros environ la bobine de 25 m) chez les fleuristes et magasins de décoration.

3. La forme du faire-part

Jusqu'à la moitié du XXe siècle, chaque famille annonçait le mariage de ses enfants sur des feuilles distinctes, ou sur une même feuille pliée en deux. Le texte était redondant et très protocolaire. Aujourd'hui, ce n'est plus courant. Les deux familles figurent sur la même feuille, pliée en deux, que l'on ouvre comme un livre. Parfois, la feuille est pliée en trois, et on ouvre les deux parties supérieures comme un volet ; celles-ci sont fermées par un nœud de raphia ou de tulle, ou encore par un petit autocollant (gommettes rondes ou en forme de cœur). Il est préférable de choisir un format qui entre dans une enveloppe standard.

4. La couleur des caractères

Très tendance et très classe : l'impression en lettres de couleur sur papier blanc cassé ; le noir a vécu. Le bleu marine, le vert gazon ou le vert wagon, l'orangé, le rouge hermès ou le bordeaux ont la cote. Essentiel : la couleur doit être suffisamment foncée pour ressortir sur le papier.

Mariage bicolore ou tricolore

Que ce soit pour les faire-part ou pour la décoration des lieux de réception, il est recommandé de choisir deux couleurs au maximum en plus du blanc, pour avoir une réelle harmonie. Une possibilité : jouer sur le camaïeu, c'est-à-dire sur différentes nuances d'une même couleur.

5. Le type de caractères

- Le plus classique : les lettres anglaises, arrondies, bouclées.
- Le plus strict : les lettres droites.
- Un mot d'ordre, encore : la lisibilité.

6. La page de couverture

Traditionnellement elle est vierge, mais si vous voulez un peu de fantaisie, pourquoi pas des fleurs, des papillons, des cœurs ? Il existe des milliers de possibilités chez les imprimeurs, ou sur Internet.

Très classe : les initiales entrelacées des fiancés, ou encore leurs prénoms imprimés. Très raffiné : les initiales gaufrées avec une presse à estamper (on se retrouve p. 239).

7. Le texte du faire-part

Vous pouvez rédiger un poème, évoquer Cupidon, ou rester dans l'annonce stricte. À vous de choisir en fonction de votre talent littéraire ou de l'effet recherché.

- *Conventionnel* : les parents annoncent le mariage de leurs enfants.
- *Moderne* : les fiancés annoncent leur mariage.
- *Ultramoderne* : les enfants des mariés annoncent le mariage de leurs parents.
- *Les mentions incontournables* : le jour et l'heure de la cérémonie et le lieu exact.

Quelques idées de textes de faire-part

Hyperclassique

Madame Louis Durant (la grand-mère de la mariée)
Monsieur et Madame Paul Dupont — *Madame Henri Martin*
Monsieur et Madame Pierre Dupont — *Monsieur et Madame Jean Martin*
Sont heureux de vous annoncer le mariage de leurs petits-enfants et enfants
Sophie et Alexandre
Et vous prient d'assister ou de vous unir par la prière
à la messe de mariage
Qui aura lieu le samedi 15 mai 2010 à 16 h 30
en l'église Saint-Denis à Auberville (14530)

adresse de la grand-mère — adresse des fiancés — adresse de la grand-mère
adresse des grands-parents
adresse des parents — adresse des parents
(On indique les adresses des personnes qui annoncent le mariage afin que les invités puissent les féliciter par écrit.)

Monsieur et Madame Pierre Dupont — *Monsieur et Madame Jean Martin*
Sont heureux de vous annoncer le mariage de leurs enfants
Sophie et Alexandre
Et vous prient d'assister à la messe
Qui sera célébrée en l'église Saint-Denis à Auberville (14530)
Le samedi 15 mai 2010 à 16 h 30

Parents divorcés :
Madame Adeline Durand
Monsieur Pierre Dupont

Parents divorcés remariés :
Madame Paul Durand
Monsieur Pierre Dupont

Quelques idées de textes de faire-part (suite)

Classique

Sophie Dupont et Alexandre Martin
Sont heureux d'annoncer leur mariage
Et vous prient d'assister à la messe
Qui sera célébrée en l'église Saint-Denis à Auberville (14530)
Le samedi 15 mai 2010 à 16 h 30

Fantaisie

Sophie Dupont et Alexandre Martin
Se diront oui à la mairie d'Antony
Le 15 mai 2010 à 11 heures
Et vous invitent à partager leur bonheur

Laura et Lucas
Sont heureux de vous annoncer le mariage de leurs parents
Sophie Dupont et Alexandre Martin
Qui sera célébré à la mairie d'Antony (92)
Le 15 mai 2010 à 11 heures

Vous rédigez l'invitation

Le faire-part annonce votre mariage à vos amis mais aussi à vos relations, professionnelles ou personnelles, personnes que vous n'avez pas envie, ou pas de raison d'inviter. C'est un carton à part qui en principe invite à la réception.

Ce sont les mères des mariés ou les mariés eux-mêmes qui invitent. Précisez cocktail, buffet, ou dîner placé, indiquez l'heure et le lieu, donnez une date limite de réponse, trente jours avant la réception, pour avoir le temps de comptabiliser les réponses avant de donner au traiteur le nombre définitif de convives.

Des idées de texte d'invitation

Hyperconventionnel

Madame Pierre Dupont (la mère de la mariée en premier)
Madame Jean Martin (la mère du marié en second)
Recevront à partir de 18 h 30
Au manoir des Lys à 14530 Auberville

Cocktail *Dîner placé RSVP avant le 25 avril*

Moderne

Sophie et Alexandre, entourés de leurs parents,
Recevront à partir de 18 h 30
Au manoir des Lys à 14530 Auberville

Cocktail *Dîner placé RSVP avant le 25 avril*

Fantaisie

Sophie et Alexandre vous invitent à fêter leur mariage
à partir de 18 h 30
Au manoir des Lys à 14530 Auberville
Réponse souhaitée avant le 25 avril

Dîner aux chandelles
Merci de nous répondre avant le 25 avril

☑ Vous préparez les pièces jointes

Soyez sympa avec vos amis : facilitez-leur la vie en leur indiquant comment se rendre à la cérémonie sans se perdre et où trouver la possibilité de passer la nuit à proximité du lieu de réception.

1. Le plan d'accès

Joignez à votre faire-part un plan pour situer l'emplacement de l'église ou de la mairie et du lieu de la réception. N'oubliez pas de noter aussi un numéro de portable pour ceux (celles) qui ne savent pas lire un plan. Attention, ne donnez pas le vôtre, Monsieur, mais celui de votre meilleur copain à qui vous confierez la tâche de renseigner les égarés.

2. La liste des hôtels des environs

Il est plus confortable et surtout plus prudent de dormir sur place. Indiquez le nom, l'adresse et le numéro de téléphone de plusieurs hôtels et chambres d'hôtes, avec les prix moyens des chambres. Prenez la précaution d'avertir ces hôteliers de votre réception et de la probabilité de réservations nombreuses pour ce soir-là. Vous pouvez même faire une préréservation d'un certain nombre de chambres, pour les membres de votre famille et vos proches amis. D'ailleurs vous en profiterez pour réserver votre propre chambre pour votre nuit de noces.

3. Les curiosités à découvrir

Si vous vous mariez dans une région touristique, indiquez à vos amis quelques sites à voir, ou des musées ou des expositions à visiter. Ils pourront en profiter pour prolonger leur séjour.

☑ Vous contactez un imprimeur

Lorsque vous avez décidé la forme et le texte de votre faire-part et de l'invitation, contactez des imprimeurs pour obtenir des devis. Les imprimeurs de ville vous imprimeront des faire-part classiques en quelques jours, avec cartons d'invitation et enveloppes assortis. Les tarifs sont en général calculés au nombre de lignes, pour un tirage de 100 faire-part.

Si votre projet est un peu plus élaboré, il faudra probablement faire appel à un maquettiste. Il est aussi possible de faire imprimer ses faire-part en ligne.

☑ Vous mettez au point le listing des invités

Vous aviez déjà fait une première liste des personnes que vous souhaitiez inviter à votre mariage, et vos parents aussi, il y a quelques mois. Il est temps, avant de commander les faire-part, d'affiner cette liste. Faites plutôt deux listes :

- l'une comprenant les personnes auxquelles vous enverrez juste un faire-part pour annoncer votre mariage (liste A) ;

- l'autre avec la liste des personnes que vous invitez à la réception (liste B).

Fabriquez vos faire-part vous-mêmes

C'est possible, à condition d'avoir du temps devant soi et d'être adroits. Faites d'abord une maquette ; ensuite, renseignez-vous dans les magasins de loisirs créatifs et les grandes papeteries sur les prix des différentes fournitures : papier, papier-calque éventuellement, enveloppes, pochoir, peinture, rubans en raphia ou en satin… Établissez votre devis. Attention au grammage du papier : si le faire-part dépasse 20 g, vous devrez les affranchir davantage.
Des idées : papier blanc avec vos initiales au pochoir en couverture, papier-calque de couleur pour imprimer le texte, ruban en raphia pour réunir les feuilles… Papier de couleur avec vos prénoms imprimés pour la couverture, feuilles blanches avec le texte du faire-part, le texte de l'invitation, le plan d'accès et les hôtels, l'ensemble relié.

1. Le comptage

Comptez les noms de la liste A et de la liste B, vous avez le nombre total de faire-part à faire imprimer. Comptez les noms de la liste B, vous avez le nombre de cartons d'invitations nécessaires.

2. L'écrémage

Vérifiez que le nombre d'invités ne dépasse pas les capacités des lieux de réception que vous avez loués. Si c'est le cas, voyez les possibilités « d'écrémage ».

Devez-vous inviter votre patron à votre mariage ?

Oui, si vous avez des relations courtoises avec lui depuis longtemps ; oui si vous recevez beaucoup de monde et si votre réception sort du contexte strictement familial. Pour les autres personnes de votre bureau, c'est une question de feeling. Méfiez-vous de votre générosité qui peut vous pousser à inviter Sandrine qui vous a gentiment apporté un café alors que vous étiez épuisée la semaine dernière, mais avec qui vous n'avez pas vraiment des relations amicales. Attention, là encore, à ne pas vexer. Si Sandrine vient, pourquoi pas Christelle qui vous a raccompagnée en voiture l'an dernier quand vous aviez la grippe ?

3. Le tableau de contrôle

Afin de gérer à la fois les envois et les réponses, établissez un tableau (modèle à la page suivante) comprenant : le nom de l'invité — son prénom — prénom de son conjoint et nom s'il y a lieu — adresse — téléphone — mail — invitant (la mariée, le marié, les parents de la mariée, les parents du marié) — date d'envoi — oui / non — enfants — cas particulier.

Vérifiez les adresses, les numéros de téléphone et les mails (utiles pour relancer les invités qui n'ont pas répondu, éventuellement, vingt jours avant la réception ; à ce moment-là, vous serez trop occupés pour faire ces recherches).

Le tableau de contrôle

Nom	Prénom	Conjoint	Adresse	Tél.	Mail	Mariée	Marié	Parents Mariée	Parents Marié	Envoi faire-part	Réponse	Enfants	Cas particulier

À recopier sur papier, ou mieux, dans un tableau Excel.

Faut-il inviter les petits enfants ?

La question est délicate. Si ce sont vos neveux et nièces, difficile de faire l'impasse. Si ce sont les enfants de vos copains, voyez avec eux par téléphone. Soit ils les font garder chez eux, soit ils n'ont pas cette possibilité et viennent avec leur progéniture, soit ils ne viennent pas. Autre éventualité : ils viennent avec leurs enfants et leur baby-sitter; dans ce cas, prévoyez des menus enfants en conséquence et un menu aussi pour la jeune fille. Si vous avez déjà dans votre famille de nombreux enfants, vous avez tout intérêt à prévoir une « nursery », pièce dans laquelle il sera possible de mettre des lits pliants, des parcs, des matelas à langer… sous la houlette d'une baby-sitter (on se retrouve p. 91).

Si vous faites vos envois de faire-part en plusieurs fois, vous noterez devant chaque personne ou chaque couple la date de l'envoi; cela vous permettra de vérifier que l'envoi a bien été fait (certaines enveloppes se perdent). Au fur et à mesure des réponses, vous cocherez sur la liste oui, ou non, et les éventuels cas particuliers (exemple : vient avec sa baby-sitter, vient avec sa belle-sœur qui sera chez lui à cette date, vient sans son mari qui sera en voyage à ce moment-là, n'a pas de voiture, la faire conduire par untel…). Si vos parents reçoivent les réponses chez eux pour leurs propres invités, demandez-leur de vous les communiquer régulièrement.

☑ Vous demandez une copie intégrale de votre acte de naissance pour la mairie si vous êtes né outre-mer ou à l'étranger

La mairie dans laquelle vous allez vous marier vous demande un certain nombre de documents (on se retrouve p. 81) dont une copie intégrale de votre acte de naissance datant de moins de 6 mois par rapport à la date de votre mariage si vous êtes né outre-mer ou à l'étranger. Pour être dans les temps, demandez-la maintenant aux autorités compétentes, et dès réception, classez-la dans une chemise « mariage civil » pour ne pas l'égarer.

L'urgence du mois

Mettre au point les faire-part

Vos notes

Format du faire-part

Couleur du papier et des enveloppes

Couleur des caractères

Petits plus (rubans…)

Texte du faire-part

Texte de l'invitation

Plan d'accès

Vos notes

Liste hôtels

Tourisme

Imprimeurs contactés

Devis reçus

Mise au point liste invités

Tableau d'invités

Vos notes

Vos rendez-vous du mois

Vos notes du mois

J – 4 MOIS

Ce mois-ci :

- ❑ Vous faites imprimer les faire-part et les invitations
- ❑ Vous achetez les timbres
- ❑ Vous déposez votre liste de mariage
- ❑ Vous déterminez les tenues du marié, des pères et des témoins
- ❑ Vous choisissez la musique de la cérémonie religieuse

☑ Vous faites imprimer les faire-part et les invitations

Vous avez des devis en main, vous savez quel fournisseur propose le meilleur rapport qualité/prix. Remettez-lui un texte parfaitement dactylographié. Il composera les épreuves ; vous les contrôlerez attentivement pour vérifier qu'il n'y a pas de fautes. Attention aux noms de famille et aux noms de lieu, contrôlez bien la date et l'heure également. Vous signerez un « bon à tirer » qui valide le texte et donne le feu vert pour l'impression. Commandez un nombre légèrement supérieur à celui dont vous avez réellement besoin, surtout si vous devez les perforer pour ajouter des rubans. À réception, contrôlez à nouveau le texte et le nombre demandé. Si vous avez prévu de nouer des rubans pour réunir les différentes feuilles ou de gaufrer la page de couverture et/ou les enveloppes, commencez à y consacrer un peu de temps chaque soir. Ou passez-y une journée entière, avec vos parents ou vos amis volontaires pour vous aider.

En quelques clics

Il est tout à fait possible de commander vos faire-part par Internet. Plusieurs sites proposent des modèles à personnaliser avec vos photos, vos initiales, vos prénoms… La livraison est en général très rapide (48 heures). Pratique si vous êtes très pressés (on se retrouve p. 236). Dans ce cas, profitez-en pour commander aussi les menus et les cartes de remerciements. Comptez environ 1 euro par document.

Vous achetez les timbres

Ce serait dommage d'envoyer vos faire-part avec un timbre banal. La Poste vous propose des timbres de circonstance, ou même d'éditer des timbres à votre image. Vous trouverez des timbres cœur dans votre bureau de poste. Commandez-les à l'avance, car chaque bureau en dispose d'un petit nombre. Et pour éditer vos timbres personnels, rendez-vous sur le net (on se retrouve p. 239).

Prévoyez un nombre suffisant de timbres pour affranchir vos faire-part, mais aussi vos cartes de remerciements. Vérifiez le poids du faire-part + l'invitation + les pièces jointes pour choisir le bon affranchissement. Il serait dommage que vos invités aient une surtaxe à payer à la réception.

Timbres à votre image

Il suffit d'envoyer une photo de vous deux avec un court message par courrier ou en haute définition par mail au site de la poste. Vous recevez une maquette à valider et si tout est parfait, vous recevez vos timbres chez vous, à partir de 98 euros pour 100 timbres.

Si vous voulez aussi décorer les menus ou les livrets de messe avec ces timbres, pensez à en commander suffisamment.

☑ Vous déposez votre liste de mariage

Depuis plusieurs mois, vous avez noté tout ce dont vous avez besoin, et tout ce qui vous fait envie. Déposez votre liste un peu avant d'envoyer vos faire-part pour que les invités puissent faire leur choix dès réception de l'invitation. Vous signez un contrat de liste de mariage avec le prestataire, qui l'autorise à collecter les dons de vos invités. Dès lors votre liste est ouverte, vous pouvez le faire savoir discrètement à vos amis et relations. Sans toutefois le mentionner dans votre faire-part. Cela s'est vu !

Vous manquez d'idées ?
En voici !

Vous vivez ensemble depuis longtemps et vous avez l'essentiel. Faites-vous offrir le superflu, qui joint l'utile à l'agréable, ou bien des voyages.
Vous aimez recevoir : des assiettes de présentation de couleur, des gobelets à eau de couleur, de l'argenterie, un appareil à fondue, un appareil à raclette, des nappes, des sets de table et serviettes assorties...
Vous aimez cuisiner : une plancha, un wok, un cuit-vapeur, des moules en silicone, des ustensiles de cuisine de luxe, une poubelle électronique...
Vous aimez cocooner chez vous : un équipement home cinéma, des parures de lit, des peignoirs de bain...
Vous aimez voyager : des valises, des week-ends dans des hôtels de charme...

Vous déterminez les tenues du marié, des pères et des témoins

Costume classique ou jaquette, exceptionnelles comme la robe de mariée, à vous de choisir en fonction du lieu, du style de cérémonie, et aussi de la robe de mariée.

1. Traditionnel

La jaquette avec pantalon gris uni ou rayé, chemise à col cassé, et gilet gris ou de couleur, cravate ou lavallière est la tenue traditionnelle du marié. Tenue d'un jour, la jaquette se loue dans des magasins spécialisés pour une durée de trois à cinq jours. Le prix de location n'inclut pas la chemise, ni la cravate, mais comprend l'essayage, les retouches et le nettoyage. Les chemises, les cravates, les gilets fantaisie peuvent être achetés sur place. Comptez entre 110 et 130 euros pour la location d'une jaquette. Il est d'usage que les pères des mariés portent aussi la jaquette ainsi que les témoins masculins. Si l'un de vos témoins vit à l'autre bout du monde, l'essayage est compromis ; demandez-lui de prendre ses mesures et de vous les communiquer, la jaquette sera adaptée à sa morphologie. Réservez les tenues entre quatre mois et deux mois à l'avance, selon la date de votre mariage. Vous déposerez une caution en retirant les vêtements, et celle-ci vous sera restituée lorsque vous les rendrez.

Haut-de-forme

Gadget pour les uns, *nec plus ultra* pour d'autres, le chapeau haut-de-forme gris se loue comme la jaquette. Comptez environ 25 euros.

2. Classique

Le costume trois pièces gris ou bleu marine, porté sur une chemise blanche, cravate sobre. L'occasion mérite bien que vous investissiez dans un costume de belle qualité, voire même dans un costume sur mesure. Vous le porterez pendant plusieurs années.

3. Militaire

L'uniforme est de rigueur pour le marié comme pour les autres hommes du cortège s'ils font partie d'un corps d'armée.

4. Les accessoires

Les chaussures seront noires, à lacets, et les chaussettes noires également. En hiver, vous pouvez porter des gants gris, en peau.

La tenue des parents des mariés

C'est vous qui donnez le ton, en fonction de la robe de mariée, de la tenue du futur époux, et du cadre de la réception. Tenue habillée et chapeaux pour les mères, jaquette pour les pères pour un mariage sophistiqué, robe élégante sans affectation et costume de ville pour un mariage plus simple. Faites en sorte qu'il y ait une certaine harmonie entre les tenues des mères, en particulier pour les couleurs. Une robe orange à côté d'une robe rose, sur les photos, c'est esthétiquement moyen…

☑ Vous choisissez la musique de la cérémonie religieuse

Elle est indispensable pour faire monter l'émotion et célébrer votre joie. Comment choisir la musique qui vous accompagnera pendant la célébration ?

1. L'avis du célébrant

Avant tout, il faut savoir qu'un prêtre peut ne pas accepter la musique profane dans son église. Cela limitera un peu vos choix si vous vouliez passer votre tube préféré pour la sortie.

2. Le rendez-vous avec l'organiste

Si un organiste officie pendant les célébrations, prenez rendez-vous avec lui pour en discuter ; il a certainement ses habitudes et vous pourrez écouter en « live » sa musique. Peut-être même pourra-t-il vous passer un CD qu'il a enregistré.

3. Les grands classiques

On ne s'en lasse pas : la *Marche nuptiale* de Mendelssohn, pour l'entrée du marié avec sa mère, de la mariée avec son père et la sortie des époux, ou encore *Jésus que ma joie demeure* de Jean-Sébastien Bach ou l'*Ave Maria* de Schubert. Écoutez-les sur Internet ou achetez un CD regroupant les musiques traditionnelles.

4. Le gospel

Si vous adorez *Oh Happy Day*, ou *When The Saints Go Marching In*, faites appel à un groupe de gospel qui fera vibrer l'assemblée. Idéal pour faire participer même les plus timides. À titre indicatif, une prestation pour une célébration de mariage (environ 45 minutes de chants) est facturée environ 900 euros pour un pianiste et trois choristes, frais de déplacement en sus. Réservez le groupe dès maintenant si vous vous mariez en été, car les demandes sont nombreuses.

La chorale des copains

Très sympa. À condition qu'ils chantent vraiment bien. Et qu'ils aient le temps de répéter pendant plusieurs semaines avant la cérémonie. Et qu'un maître de chorale en assume la responsabilité.

L'urgence du mois

L'impression des faire-part, le dépôt de la liste de mariage, la tenue du marié, la musique de la cérémonie

L'ASTUCE EN +

Pour compléter votre lecture, retrouvez en bonus 3 tableaux à remplir directement sur Excel et suivre ainsi, pas à pas, toute l'organisation de votre mariage. Pour cela, scannez ce code ou rendez-vous sur la page :
http.//blog.editionsleduc.com/checklist-mariage.html

Vos notes

La commande des faire-part

L'achat des timbres

La tenue du marié

La tenue des pères

La tenue des témoins

Le choix de la musique

L'avis du célébrant

Rendez-vous avec l'organiste

Vos notes

Vos rendez-vous du mois

Vos notes du mois

J – 3 MOIS

Ce mois-ci :

- ❑ Vous envoyez les faire-part
- ❑ Vous choisissez vos alliances
- ❑ Vous prévoyez la décoration du lieu de réception
- ❑ Vous prenez rendez-vous avec le notaire si vous faites un contrat
- ❑ Vous contrôlez votre budget
- ❑ Vous commandez votre costume si vous le faites faire sur mesure

Ce mois-ci, vous officialisez votre union par l'envoi des faire-part. Rendez-vous chez le notaire, choix des alliances ; ça y est, vous êtes presque mariés !

☑ Vous envoyez les faire-part

Remettez le nombre de faire-part, d'invitations, de pièces annexes et de timbres nécessaires à vos parents pour qu'ils se chargent de leurs envois respectifs. Quant à vous, à vos stylos !

1. Ayez les bons outils

Des feutres noirs ou bleu foncé font l'affaire pour écrire les noms et adresses sur les enveloppes. Si vous voulez un peu de fantaisie, prenez un feutre de couleur (blanc ou fluo sur des enveloppes foncées, par exemple), mais testez la lisibilité auparavant. Chic : le stylo à plume avec une encre verte ou rouge si les caractères de votre faire-part sont de cette couleur. Si vous utilisez un stylo à encre, prenez la précaution d'avoir un buvard pour éviter les bavures.

2. Comment libeller les enveloppes ?

- *Couples mariés :* Antoine et Sophie Dupont, ou Monsieur et Madame Antoine Dupont pour les personnes âgées.
- *Couples non mariés :* Antoine Dupont et Sophie Durand.
- *Couples avec leurs enfants :* Monsieur et Madame Dupont, Laura, Bastien et Chloé.

3. Annotez votre tableau d'invités

Vous avez préparé ce tableau qui va vous permettre de pointer les réponses. Notez la date d'envoi des faire-part en pointant pour chaque personne. Fastidieux ? Peut-être, mais si un de vos amis vous affirme ne pas avoir reçu votre courrier, vous pourrez vérifier que ce n'est pas un oubli de votre part.

☑ Vous choisissez vos alliances

Symbole du mariage, de vos vœux mutuels, les alliances s'échangent à l'église après la bénédiction, ou à la mairie si vous n'avez pas prévu de cérémonie religieuse.

1. Quelles alliances ?

En principe, le mari et la femme portent les mêmes alliances, exception faite lorsque l'épouse préfère une alliance en diamants.

- Vous avez une jolie bague de fiançailles, Mademoiselle, et vous comptez la porter tous les jours : choisissez donc une alliance qui se fait discrète et qui ne dépare pas votre bague. L'anneau simple en or blanc ou en or jaune, d'environ deux millimètres de large est le meilleur choix. Votre fiancé choisira le même anneau, qui peut être un peu plus large éventuellement.
- Vous n'avez pas de bague de fiançailles, ou vous ne souhaitez pas la porter à la main gauche : tous les choix sont permis. Une alliance en diamants, mais aussi une alliance fantaisie ou une création de joaillier. Les plus tendances : les anneaux trois ors, les alliances avec une gravure à l'extérieur, un anneau représentant deux mains réunies, ou un lien avec un ruban.

Le prix des alliances varie selon le poids de l'or ou le poids des brillants, exprimé en carats, et le fournisseur. Par exemple, un anneau simple en or coûte entre 150 et 200 euros ; un anneau en platine, 1 000 euros ; une alliance en diamants de 1500 à 3000, 4000 euros ou plus selon la taille des diamants.

Quel or ?

- L'or 18 carats est le standard, repérable par le poinçon « tête d'aigle ». Il peut être rose, s'il contient un peu de cuivre, ou gris, s'il contient de l'argent.
- L'or 24 carats est l'or pur, très lumineux mais assez fragile.
- Le platine est un métal très pur, très blanc et quasiment inaltérable dans le temps, mais bien plus cher que l'or.

2. Quelle gravure ?

Il est d'usage de graver les alliances. Le message est court, puisque la place est limitée. Une fois les alliances choisies à votre doigt, le joaillier réalise la gravure en quelques jours.

Quelques idées de gravures

Nicolas à Sophie le 13 septembre 2010 et Sophie à Nicolas le 13 septembre 2010
NS 13 septembre 2010 et SN 13 septembre 2010
À toi pour la vie le 20 avril 2010

3. Quel fournisseur ?

Allez chez le bijoutier, regardez les modèles, essayez-les. Visitez les sites des grands joailliers, allez les voir. Comparez les modèles et les prix, demandez les délais, et exigez d'avoir les alliances au moins quinze jours avant votre mariage pour éviter le stress.

4. Le coussin d'alliances

Le marié ou l'un de ses témoins peut avoir un écrin contenant les alliances dans sa poche, et les déposer sur un plateau remis par le prêtre au début de la cérémonie. Une jolie coutume consiste à disposer les alliances sur un petit coussin, reliées par un ruban. Confectionnez-le, en soie, en satin, en velours, brodé de vos initiales, bordé de dentelles… Si les travaux d'aiguille ne vous tentent pas, achetez-le dans un magasin d'accessoires de mariage (15 à 30 euros selon le modèle).

5. Qui apporte les alliances ?

Vous confierez cette tâche à l'un des enfants d'honneur, ou à l'un de vos témoins.

☑ Vous prévoyez la décoration du lieu de réception

Vous avez déjà pensé à la décoration florale de la salle de réception (on se retrouve p. 72). Mais si c'est essentiel, ce n'est pas tout. Les tables recouvertes de nappes blanches vous paraissent bien fades ? Les chaises pliantes ne sont pas assez jolies à votre goût ? Vous voulez personnaliser les couverts ? Il n'est pas nécessaire de beaucoup investir pour mettre ici et là des touches de fantaisie. Surfez sur Internet pour prendre des idées et comparer les prix de ces accessoires.

1. Les tables

Il suffit de peu de chose pour égayer une table : mettez un peu de couleur, celle que vous avez choisie pour les autres éléments de votre mariage (faire-part, tenue des enfants d'honneur...). Un chemin de table si les tables sont ovales, par exemple (5 euros les 10 mètres environ), ou des ronds de serviette confectionnés avec un simple ruban de raphia noué. Un trèfle vert en tissu est simple mais raffiné (3 euros les douze pièces environ).

Petits trucs

Si vous préparez les ronds de serviette à l'avance, disposez-les sur un rouleau de carton (rouleau vide d'essuie-tout, par exemple) pour qu'ils restent en forme et soient faciles à transporter. En règle générale, stockez tous les éléments de décoration dans des cartons à chaussures vides, pour les mettre à l'abri.

Les marque-places donnent aussi de l'originalité aux couverts, si vous placez vos invités. Les idées ne manquent pas. Par exemple, vous trouverez dans le commerce des petites ardoises en forme de cœur, à poser contre l'un des verres (environ 1 euro les deux). Sympa mais un peu plus onéreux, le mini porte-photo à pince, dont le socle peut être un cube de couleur, une fleur... (environ 2 euros pièce). Les pinces papillon à accrocher au bord de l'un des verres (1 euro pièce environ) avec un petit carton sur lequel vous notez le prénom du convive, ou encore de mini-pinces à linge de couleur. Autre idée : les galets laqués blancs (environ 5 euros les dix) sur lesquels vous inscrirez les prénoms au feutre de couleur (toujours la même que celle utilisée partout ailleurs). À faire vous-même : le carton de couleur portant le prénom de l'invité, perforé et passé dans le ruban qui fait office de rond de serviette. Si vous avez utilisé un appareil à gaufrer le papier pour vos faire-part et vos enveloppes, gaufrez aussi les petits cartons.

2. Les chaises

Les chaises louées ne sont pas toujours esthétiques, et leur couleur ne correspond pas du tout à celle que vous avez choisie pour votre mariage. Vous pouvez prévoir des housses de chaise, qui donnent un look extrêmement raffiné à la salle de réception.

Mais cet habillage a un coût élevé. Une housse avec un ceinturage en organza de couleur est louée environ 2 euros pièce. Il faut aussi compter le temps de la mise en place, et de la dépose. Autre solution : louer des chaises « habillées », mais le prix là encore est élevé (environ 6 euros pièce).

3. Le hall d'entrée

Personnalisez-le. Achetez un livre d'or, sur lequel vos invités inscriront leurs messages. N'oubliez pas le stylo, que vous accrocherez au livre par un ruban de satin ou de tulle. L'arbre à vœux est une excellente idée pour décorer une pièce un peu vide ou austère.

L'arbre à vœux mode d'emploi

Procurez-vous une grande branche d'arbre séchée, chez un horticulteur ou un fleuriste. Recouvrez-la de peinture en bombe blanche, plantez-la dans un pot de terre, de grès, ou même de plastique recouvert de papier crépon de la couleur thème de votre mariage, rempli de sable, de billes ou de galets. Déposez dans un panier à proximité, des petits cartons blancs ou de couleur, des rubans de raphia et un stylo. Les invités notent leur message, roulent le carton, le maintiennent avec le ruban et l'attachent en le nouant aux branches de l'arbre. Vous emporterez l'arbre à vœux chez vous (si vous avez la place) ou décrocherez les messages que vous garderez précieusement dans une jolie boîte.

Vous prenez rendez-vous avec le notaire si vous faites un contrat de mariage

Vous vous êtes renseignés, depuis quelques semaines, sur l'opportunité de signer un contrat de mariage (on se retrouve p. 122). Si cela vous paraît utile, téléphonez au notaire pour prendre rendez-vous. Demandez-lui les pièces nécessaires afin de gagner du temps. Vous devrez, si vous êtes en possession de biens meubles ou immeubles, en dresser la liste en précisant leur importance et leur nature.

Coût d'un contrat de mariage

Vous devrez régler des frais correspondant :

- aux émoluments du notaire pour l'établissement du contrat (environ 180 euros) ;
- aux frais de procédure ;
- au droit fixe de 125 euros pour l'enregistrement ;
- au pourcentage de la valeur des biens meubles et immeubles que vous possédez.

✓ Vous contrôlez votre budget

Vous savez maintenant combien vous allez dépenser pour les principaux postes de votre budget mariage. Restez-vous dans le cadre de vos prévisions ? Faut-il limiter les frais à venir ? Soyez prudents pour ne pas vous fâcher avec votre banquier !

✓ Vous commandez votre costume si vous le faites faire sur mesure

Si votre budget vous le permet, c'est l'occasion idéale pour vous faire tailler un beau costume trois pièces qui tombe impeccablement. Vous le porterez dans toutes les cérémonies à venir, et même peut-être dans votre vie professionnelle. Il faut compter deux mois et demi à trois mois pour la façon. Ne tardez donc pas à le commander, notez les dates des essayages et exigez la livraison quinze jours avant la cérémonie.

J –3 MOIS

Les urgences du mois

L'envoi des faire-part, le choix des alliances, la préparation du contrat de mariage

Vos notes

Envoi des faire-part

Choix des alliances (délai, prix)

Gravure des alliances (texte, délai, prix)

Idées retenues pour la décoration

Commande du costume du marié (tissu, devis, délai, date des essayages, date de livraison)

Vos notes

Vos rendez-vous du mois

Vos notes du mois

J – 2 MOIS

Ce mois-ci :

- ❑ Mademoiselle, vous établissez votre planning beauté
- ❑ Vous commandez les cadeaux d'invités
- ❑ Vous achetez votre costume en prêt-à-porter ou vous réservez les jaquettes si vous ne l'avez pas déjà fait
- ❑ Vous demandez une copie intégrale de votre acte de naissance si vous êtes né en France
- ❑ Vous signez votre contrat de mariage chez le notaire
- ❑ Vous remettez votre dossier à la mairie
- ❑ Vous invitez vos proches à votre mariage civil

Organisez-vous bien pour ne pas vous disperser et vous fatiguer. Suivez bien votre planning, faites le point très régulièrement des questions en cours.

Mademoiselle, vous établissez votre planning beauté

Il est temps de penser à vous, votre forme et votre beauté. Si vous n'avez pas l'habitude des soins esthétiques, le moment est bien choisi de commencer. Consultez une esthéticienne. La plupart des instituts proposent des forfaits mariage, fixés en fonction des soins que vous demandez. Et votre chéri peut lui aussi avoir droit à quelques soins pour avoir un look de star, ou du moins une peau nette et bien hydratée le jour J.

1. L'épilation

Pour être impeccable de la tête au pied, optez pour les épilations aisselles (indispensable si vous portez un bustier ou une robe sans manches), jambes, maillot (en prévision de votre voyage de noces au soleil). Si vous n'avez pas l'habitude des épilations en institut, faites un essai ce mois-ci. Vous verrez comment réagit votre peau. Vous ferez une nouvelle épilation deux jours avant le mariage.

2. Les soins du visage

Le luxe, pour une mariée, c'est le naturel. Qui commence par une belle peau lumineuse. L'idéal est de faire un soin complet du visage deux mois avant, un mois avant et une semaine avant le mariage.

Soins au masculin

Nettoyage de peau, gommage, massage hydratant, manucure s'adressent aussi aux hommes. Renseignez-vous dans votre institut et suggérez (avec tact) à votre homme de se faire, lui aussi, une beauté.

3. Les teintures

Créées pour donner du relief aux cils et aux sourcils pâles, les teintures de cils et de sourcils donnent au visage du caractère et évitent un maquillage soutenu. Essayez ce mois-ci, afin de juger de l'effet. Si vous êtes satisfaite, renouvelez la teinte une semaine avant le mariage. Autre solution pour les sourcils : le tatouage, à réaliser plusieurs semaines avant le mariage, par une vraie professionnelle, car il faut compter un délai de cicatrisation.

4. La manucure

Faites l'essai d'une manucure classique ou d'une french manucure, à votre guise. Le vernis est incolore, beige ou à peine rosé (en accord avec la couleur de votre robe si elle n'est pas parfaitement blanche). Si vous tenez à un peu de fantaisie, osez les petits cœurs ou les petits diamants. Si vous êtes satisfaite de l'effet, vous ferez la manucure le matin de votre mariage. En attendant, prenez soin de vos mains dès maintenant : gommez-les, hydratez-les régulièrement.

Maquillage maison

Pas le temps d'aller chez l'esthéticienne, pas de budget à y consacrer ? Assurez vous-même ! Faites-vous la main dès maintenant, surtout si vous vous maquillez rarement.

Maquillez-vous dans cet ordre :

- sérum bonne mine + crème hydratante ;
- crème teintée en harmonie avec votre carnation, appliquée avec une petite éponge sans oublier le cou, le décolleté, la racine des cheveux, les lobes des oreilles ;
- anticernes bien étalé du bout du doigt ;
- poudre libre appliquée avec un gros pinceau ;
- blush (bois de rose pour les blondes, abricot pour les brunes) en estompant vers les tempes pour ne pas ressembler à une poupée russe ;
- trait de crayon gris ou marron (plus doux que l'eye-liner) posé au ras des cils et estompé avec un coton-tige ;
- un soupçon de fard à paupière (beige rosé pour les blondes, beige abricot pour les brunes) bien étiré vers les tempes ;
- une couche de mascara waterproof bleu, brun ou noir (qui ne coulera pas si vous pleurez d'émotion) ;
- rouge à lèvres assorti au blush, en deux couches successives (poudrez entre les deux pour qu'il tienne bien) et un peu de gloss, après avoir dessiné le contour de vos lèvres avec un crayon de même couleur.

Jugez de l'effet avec un vêtement blanc et les cheveux tirés si vous avez prévu de porter un chignon. Ayez la main légère, il est toujours plus simple d'ajouter un peu de couleur que d'en retirer.

5. Les soins des pieds

On ne les verra peut-être pas beaucoup le jour du mariage, sauf si vous avez choisi des sandales découpées. Mais pensez à votre confort, et puis à votre voyage de noces. Le vernis est assorti à celui des mains.

6. Le bronzage

Si vous vous mariez en été ou en septembre, attention aux marques de bronzage, surtout si vous portez un bustier. Pensez-y en vous exposant au soleil. Et s'il faut faire des raccords, utilisez un autobronzant en faisant un test avant pour vérifier le résultat et juger de la réactivité de votre peau.

7. Le maquillage

Tout en harmonie, il doit être discret. Faites un essai dès maintenant. S'il est concluant, restez-en là. S'il ne vous plaît pas tout à fait, faites-en un autre un peu plus tard. Pour votre confort, demandez s'il est possible de vous faire maquiller à domicile le matin de votre mariage, juste avant de passer votre robe (comptez 100 euros pour un essai + un maquillage à domicile).

☑ Vous commandez les cadeaux d'invités

Ce n'est pas une obligation, mais la plupart des mariés décident d'offrir à leurs invités un petit souvenir de ce jour si important pour eux. Vous le déposerez sur les tables, sur les assiettes, ou à droite des verres.

1. Les dragées

Elles sont le symbole des jours heureux, et le cadeau le plus classique, toujours apprécié. Vous pouvez réaliser vous-mêmes des petites aumônières en tulle, fermées par un ruban de satin, ou encore commander des kits (conditionnement + ruban + décor papillon, fleur, alliances pour une somme de 6 à 12 euros pour dix pièces selon les modèles). Comptez 7 à 10 dragées par personne. Un kilo de dragées au chocolat représente 300 unités (16 euros au kilo environ), un kilo de dragées aux amandes, 340 unités (de 20 à 28 euros le kg selon la qualité). Si vous manquez de temps, commandez les pochettes toutes prêtes.

2. Les gourmandises

Remplacez les dragées par d'autres friandises : des chocolats, des nougats, des calissons, des M&M's personnalisés, des bonbons à la violette, au miel, des biscuits... Attention aux friandises qui fondent à la chaleur si vous vous mariez en été.

3. Des conditionnements qui sortent de l'ordinaire

Pour changer un peu de la classique pochette, conditionnez vos friandises dans des objets souvenirs. Quelques idées :

- un petit encrier en verre avec bouchon de liège (0,85 euro pièce)
- une goutte d'eau en verre (1,25 euro pièce)
- un minifilet à papillons à planter dans une flûte à champagne (16 euros les douze)
- un petit seau en métal (19,50 euros les dix)
- une petite boîte cubique de couleur (45 euros le lot de cinquante)
- un tube de verre translucide (16 euros les dix)
- un mini cuit-vapeur en bambou (2,50 euros pièce)

4. Les petits objets

À choisir selon votre budget et le style de votre mariage. Promenez-vous sur Internet ou faites votre shopping dans des magasins de cadeaux.

Des idées originales de cadeaux d'invités

- Un CD avec un petit discours de vous deux et des airs que vous aimez. À enregistrer vous-mêmes. (11 euros pour 100 CD). Prévoyez des pochettes en carton avec vos prénoms et la date de votre mariage imprimés.
- Un stylo personnalisé avec vos prénoms et la date de votre mariage (de 100 à 200 euros les 100).
- Une pochette en carton avec des limes à ongles imprimée à vos prénoms avec la date de votre mariage (32,50 euros les 50 exemplaires).
- Une pochette en carton avec allumettes imprimée à vos prénoms et la date de votre mariage (9,90 euros les 50 exemplaires).
- Un vaporisateur de parfum (69 euros les 25 unités).
- Un briquet (50 exemplaires pour 99 euros ou 100 pour 129 euros).
- Un porte-clefs bague solitaire pour femmes (3, 50 euros l'unité).
- Un porte-clefs avec impression « merci » (2,50 euros pièce).
- Un rond de serviette orné de cœurs (3,50 euros l'unité).
- Des blocs notes représentant des mariés dans leur costume (3 euros pièce).
- Un bouchon de bouteille pour les hommes (3 euros pièce).
- Un éventail pour les femmes (2, 50 euros pièce).
- Une miniplante verte (3 euros pièce).

☑ Vous achetez votre costume en prêt-à-porter ou vous réservez les jaquettes si vous ne l'avez pas déjà fait

Monsieur, réglez dès maintenant la question de votre tenue : le costume ou la jaquette et tous les accessoires. Si vous achetez votre costume en prêt-à-porter, prévoyez des retouches, en particulier l'ourlet du pantalon.

☑ Vous demandez une copie intégrale de votre acte de naissance si vous êtes né en France

La mairie vous demande une copie intégrale de votre acte de naissance datant de moins de trois mois par rapport à la date de votre mariage, si vous êtes né en France. Demandez-la dès le début du mois.

☑ Vous signez votre contrat de mariage chez le notaire

Il vous remettra deux exemplaires de votre contrat, et un certificat pour la mairie.

☑ Vous remettez votre dossier à la mairie

La loi stipule que vous devez remettre votre dossier un mois au plus tard avant la date de votre mariage civil. Faites-le dès que vous avez réuni les pièces nécessaires.

☑ Vous préparez votre mariage civil

Dans quelques semaines, vous passerez devant le maire, avant la célébration religieuse. Si le mariage civil précède de peu le mariage religieux, on donne en général peu de faste à l'événement.

1. Les invités

Il est d'usage d'y convier au minimum ses parents, ses frères et sœurs et bien sûr ses témoins.

2. L'heure de rendez-vous

Afin d'être tranquilles, fixez le rendez-vous quinze minutes avant l'heure donnée par le secrétariat de la mairie.

3. La tenue

Tout le monde porte une tenue de ville sobre.

4. La réception

Dommage de se séparer sur le trottoir après la cérémonie. Prévoyez un verre chez vous ou chez l'un de vos parents, ou encore un déjeuner dans un restaurant si le mariage a eu lieu le matin.

Les urgences du mois

Acheter les cadeaux d'invités, préparer votre mariage civil, organiser le planning beauté, réserver la tenue du marié

Vos notes

Planning beauté

Cadeaux d'invités

Costume prêt-à-porter

Retouches faites pour le ……
Réservation jaquette pour le ……
Acte de naissance le ……
Reçu le ……
Remise du dossier en mairie le ……

Invitations au mariage civil

Organisation réception mariage civil

Vos notes

Vos rendez-vous du mois

Vos notes du mois

L'ASTUCE EN +

Pour compléter votre lecture, retrouvez en bonus 3 tableaux à remplir directement sur Excel et suivre ainsi, pas à pas, toute l'organisation de votre mariage. Pour cela, scannez ce code ou rendez-vous sur la page :

http.//blog.editionsleduc.com/checklist-mariage.html

J – 1 MOIS

Ce mois-ci :

- ❑ Vous demandez à l'officiant le protocole de la cérémonie
- ❑ Vous soignez votre forme
- ❑ Monsieur, vous commandez le bouquet de la mariée
- ❑ Vous pointez les réponses des invités
- ❑ Vous rappelez les prestataires
- ❑ Vous préparez le planning du jour J
- ❑ Vous déléguez
- ❑ Mademoiselle, vous faites le dernier essayage de votre robe de mariée
- ❑ Vous imprimez les menus
- ❑ Vous faites la check-list du voyage de noces

Vous êtes dans la dernière ligne droite ! La liste des « choses à faire » s'allonge de mille détails. Gardez le cap, tout va bien.

Vous choisissez les textes religieux et vous préparez les livrets de messe

Le célébrant vous a certainement proposé, au cours de vos rencontres, des textes pour la cérémonie. Il est temps de vous décider et de lui transmettre ce que vous avez choisi. Attendez son accord définitif pour imprimer vos livrets.

Qui remercier sur le livret de messe ?

- Le Père (qui vous a préparés à recevoir ce sacrement et qui a célébré la messe).
- L'organiste dont la musique vous a accompagnés pendant la cérémonie.
- Vos témoins (nommez-les par ordre alphabétique) qui vous ont assistés.
- Vos parents, pour leur amour, leur aide…
- Vos amis pour leur présence près de vous en ce jour si important pour vous.

1. La forme

Un demi-format, c'est-à-dire une feuille A4 pliée en deux, convient. Reprenez la couleur de votre mariage, soit pour le papier, soit pour les caractères et utilisez le même type d'impression que les faire-part.

2. Les textes

Nommez les textes sacrés, en précisant éventuellement qui les prononce (les témoins en général), les paroles des chants, pour que toute l'assistance puisse participer.

La dernière page du livret de messe est traditionnellement consacrée aux remerciements.

☑ Vous demandez à l'officiant le protocole de la cérémonie

Chaque célébrant a ses préférences pour l'organisation de la cérémonie, en fonction de la topographie des lieux. Afin de prévenir vos témoins et vos familles, posez-lui les bonnes questions :

- Comment les témoins entrent-ils ? Où se placent-ils ?
- Quels textes peuvent-ils lire ?
- Où s'assoient les enfants d'honneur ?

Prévenez ensuite les personnes concernées pour éviter les bousculades le jour J.

☑ Vous soignez votre forme

Les semaines à venir seront remplies de joies, mais aussi d'occupations multiples. Vos ennemis : le stress et la fatigue.

1. Votre alimentation

Ne cherchez pas à perdre des kilos maintenant, mais mettez votre organisme au repos pour avoir une peau lumineuse : oubliez la charcuterie, le chocolat, les sucreries et l'alcool. Consommez des fruits, des légumes et de l'eau, qui vont vous aider à éliminer les toxines. Ce conseil vaut aussi pour Monsieur, bien sûr.

2. Votre sommeil

Vous avez mille choses en tête et cela perturbe votre sommeil. Ce n'est pas une raison pour prendre des somnifères. Chaque soir, reprenez votre check-list et notez ce que vous devez faire le lendemain. Cela vous rassurera. Évitez le café, dînez léger, buvez une tisane avant d'aller dormir, ou bien du lait chaud avec du miel si vous aimez, ne sortez pas trop souvent, ni trop tard. Dans la journée, pour vous détendre, bougez : marchez ou faites un peu de sport. Si vous le pouvez, faites-vous masser avec des huiles essentielles qui, en plus, adoucissent la peau.

Antistress

- Marchez, faites du sport.
- Buvez de l'eau minérale riche en magnésium.
- Surveillez votre transit, mangez des fibres (fruits, légumes, céréales).
- Faites-vous masser.
- Faites un sauna ou un hammam.

Monsieur, vous commandez le bouquet de la mariée

C'est à vous de choisir le bouquet de la mariée et de le lui offrir au matin de la cérémonie. Vous hésitez ? Faites-vous accompagner par une femme de votre parenté qui, si possible, a déjà vu la robe de mariée. Voici quelques conseils pour bien choisir.

1. Le style de la robe

Vous choisirez les fleurs en fonction de la robe et du style de cérémonie : bouquet champêtre pour mariage à la campagne, épuré avec une robe sophistiquée, bouquet petit et rond pour une robe courte. Interrogez votre fiancée pour qu'elle vous donne des pistes, sans bien sûr vous montrer la robe !

2. La stature de la mariée

Un bouquet rond convient à une femme petite, un bouquet en cascade est seyant avec une silhouette longiligne.

3. La couleur

La majorité des fleurs sont blanches, mais on ajoute le plus souvent une touche de couleur ; là encore, assortissez la couleur des fleurs à celle que vous avez prise pour vos faire-part, les ceintures des enfants d'honneur…

Et pour le mariage civil ?

Si vous vous mariez civilement plusieurs jours avant la cérémonie religieuse, prévoyez un petit bouquet rond, assorti à la couleur de la robe de la mariée.

☑ Vous commandez aussi les boutonnières

Il est d'usage que le marié et les pères des mariés portent une boutonnière composée d'une fleur avec une ou deux feuilles liées à une épingle de sûreté. Les témoins masculins et les frères des mariés peuvent aussi porter la même boutonnière.

Vous commanderez des fleurs assorties au bouquet de la mariée. Vous pouvez aussi confectionner vous-mêmes les boutonnières avec des fleurs fraîches, le matin même de la cérémonie, ou bien les réaliser avec des fleurs en tissu, ce qui présente l'avantage non négligeable de vous laisser le loisir de les fabriquer à l'avance, ou bien les commander dans un magasin d'accessoires de mariage.

Vous n'oubliez pas les bouquets des demoiselles d'honneur

Les petites filles du cortège portent elles aussi un bouquet, assorti à celui de la mariée, ou un petit panier en osier rempli de fleurs et de feuillage. Commandez-les en même temps que les autres fleurs, chez le même fournisseur, afin que l'harmonie soit parfaite.

Vous pointez les réponses des invités

Vous aviez indiqué comme date de réponse J - 30 jours sur les cartons d'invitation. Vous devriez avoir (presque) toutes les réponses de vos invités. Pointez-les sur votre tableau et surveillez votre boîte aux lettres. Vous pouvez éventuellement commencer à relancer par téléphone ou par e-mail les retardataires.

✓ Vous rappelez les prestataires

Photographe, DJ, orchestre, traiteur, loueur de matériel, loueur de voiture… vous avez les contrats (soigneusement classés dans une chemise), mais pour votre tranquillité d'esprit, passez un coup de fil pour vous assurer que tout est bien organisé. Tant pis si vous passez pour des anxieux.

✓ Vous préparez le planning du jour J

Le meilleur moyen d'éviter le stress le jour de votre mariage, c'est de tout prévoir, ou du moins d'essayer. Qui fait quoi et à quelle heure ? Prenez comme base l'heure de la cérémonie religieuse. Et faites le compte à rebours. À quelle heure devez-vous être devant la porte de l'église ? À quelle heure devez-vous partir de chez vous (ou de l'hôtel ou vous serez logés) ? À quelle heure devez-vous commencer à vous habiller ? Qui vous aidera, Mademoiselle ? Votre mère, votre sœur, votre meilleure amie ? À quelle heure interviendra le coiffeur, la maquilleuse ? Que devrez-vous faire au dernier moment ? Quel repas prendrez-vous et quand ? À quelle heure vous lever le matin ? Qui ira chercher le bouquet de la mariée, les boutonnières, les bouquets des demoiselles d'honneur chez le fleuriste ? Qui va surveiller les enfants d'honneur ? À qui confierez-vous les alliances ? Quand déposerez-vous les livrets de messe sur les bancs ? Qui aura sous la main un parapluie pour abriter les mariés s'il pleut à la sortie de l'église ? Qui véhiculera les personnes qui ne sont pas motorisées vers le lieu de la réception ? Qui s'assurera que le photographe a bien pris des photos des familles ? Notez tout sur une feuille depuis votre lever jusqu'à la fin de la nuit : cela sera votre planning du jour J. Repérez les « points chauds », ce qui est susceptible de poser un problème, afin d'anticiper. Prévoyez un timing assez large pour ne pas avoir à vous presser.

Vous déléguez

Maintenant que vous avez établi en détail le planning de la journée de votre mariage, déléguez. Vous ne pourrez être partout à la fois, sourire au photographe, moucher votre neveu et vous assurer que votre grand-mère ne tombe pas dans les escaliers. Un principe : le grand jour, vous ne devez pas être préoccupés par des questions matérielles. Répétons-le : prévoyez et déléguez. Lorsque vous aurez fait la liste des personnes de votre entourage proche qui peuvent participer, contactez-les pour leur demander s'ils acceptent de vous aider. Expliquez-leur ce que vous attendez d'eux. Lorsqu'ils vous auront donné leur accord, notez-le sur votre planning.

Mademoiselle, vous faites les essais coiffure et maquillage et prenez rendez-vous pour le jour J

Faites une dernière mise au point de la coiffure et du maquillage avant le grand jour avec, si possible, une tenue de la couleur de votre robe de mariée, surtout si elle n'est pas blanche, pour juger de l'effet. Ces essais sont en principe compris dans les forfaits. Prenez rendez-vous avec le coiffeur et la maquilleuse le matin de votre mariage, assez tôt dans la journée pour ne pas stresser.

☑ Vous regroupez les avis de cadeaux de mariage

Vous avez reçu des avis de cadeaux de la part de vos invités. Il faut bien évidemment remercier les généreux donateurs. Deux solutions : vous les remerciez dès maintenant, ou vous attendez votre retour de voyage de noces, pour joindre à votre petite carte une photo d'eux, ou une photo d'eux avec vous, ou une photo de vous. Dans ce cas, gardez précieusement ces avis dans une grande enveloppe.

☑ Mademoiselle, vous faites le dernier essayage de votre robe de mariée

L'ultime essayage se fait avec les accessoires, lingerie, chaussures, coiffure, pour vérifier l'harmonie de l'ensemble. Demandez que votre robe vous soit livrée quinze jours avant la cérémonie, sous housse, à l'abri de la poussière.

☑ Vous imprimez les menus

Si le lieu de réception ou le traiteur ne vous offrent pas l'impression des menus, vous pouvez soit les commander sur Internet, soit les réaliser vous-mêmes.

1. Le papier

Utilisez un papier blanc imprimé en couleur (toujours et encore celle de votre mariage) ou un papier de couleur imprimé en noir. Menu en un volet (choisissez alors un papier rigide), ou menu sur deux volets (plié en deux), avec couverture personnalisée avec vos initiales, vos prénoms, ou votre photo, à votre préférence.

2. Les caractères

Dans un souci d'harmonie et de raffinement, choisissez ceux de votre faire-part : anglais, droits ou fantaisie.

3. Le texte

Le plus simple est le plus clair : le homard ne surprend personne. Le seigneur des mers devient moins évident.

Si vous avez de l'imagination...

Laissez-vous aller à la poésie : transformez le foie gras en « délices du Périgord », le saumon fumé en « seigneur des rivières » et les haricots verts en « fagots du jardin ».

Énoncez dans l'ordre les amuse-bouches, l'entrée, le plat avec son accompagnement, la salade, les fromages, le gâteau des mariés et les desserts ou les mignardises.

N'oubliez pas de nommer les vins en précisant l'année, le café et les digestifs, éventuellement, sur la page de gauche du menu s'il s'ouvre comme un livre.

4. Le rangement

Lorsqu'ils sont imprimés, glissez les menus dans une enveloppe, et rangez-les avec les accessoires que vous emporterez sur le lieu du mariage quelques jours avant (livrets de messe, marque-places invités, etc.).

☑ Vous faites la check-list du voyage de noces

Bouclez le maximum de choses maintenant : faites une liste de tout ce dont vous aurez besoin pendant votre voyage :

- papiers : carte nationale d'identité ou passeport, permis de conduire, visa et certificat de vaccinations éventuellement, billets, voucher ;
- vêtements ;
- trousse de pharmacie ;
- carnet d'adresses pour les cartes postales.

Assurez-vous que vous avez tous les papiers nécessaires, rangez-les ensemble dans une pochette.

L'urgence du mois

La mise en forme et l'impression des menus et des livrets de messe

Vos notes

Choix des textes religieux

Mise en forme

Commande des fleurs

- Bouquet de la mariée
- Boutonnières
- Bouquets des demoiselles d'honneur

Pointage des invités

Rappel prestataires

- Lieu de réception
- Traiteur
- Loueur voiture

Planning du jour J

Vos notes

Essai coiffure

Essai maquillage

Essai robe de mariée

Cadeaux mariage

Impression des menus

Check-list voyage de noces

Vos notes

Vos rendez-vous du mois

Vos notes du mois

J – 15 JOURS

Cette quinzaine-ci :

- ❑ Vous relancez les invités qui n'ont pas répondu
- ❑ Vous confirmez le nombre de convives au traiteur
- ❑ Vous mettez au point des plans de table
- ❑ Vous écrivez les marque-places
- ❑ Vous remettez les tenues des enfants d'honneur à leurs mères
- ❑ Vous faites livrer votre robe
- ❑ Vous portez vos chaussures chez vous
- ❑ Vous allez chercher les alliances
- ❑ Mademoiselle, vous faites couleur ou balayage

Le gros travail de cette quinzaine : les plans de table. Vous récupérez la robe, les alliances, tout s'accélère.

☑ Vous relancez les invités qui n'ont pas répondu

Reprenez votre tableau d'invités, relevez les noms de ceux qui n'ont pas répondu et consacrez un peu de temps à les relancer.

Vous avez besoin de connaître le nombre de convives pour le traiteur.

☑ Vous confirmez le nombre de convives au traiteur…

…si vous avez toutes les réponses. Sinon, vous pouvez probablement attendre encore quelques jours.

☑ Vous mettez au point des plans de table

Avez-vous déjà passé une soirée mortellement ennuyeuse entre deux convives taciturnes ? Si oui, vous comprendrez l'intérêt de plans de table bien conçus. Demandez au responsable du lieu de réception de vous faxer ou de vous envoyer par e-mail le plan de la salle avec l'emplacement des tables pour faciliter votre travail.

1. Les usages

Dans un repas de mariage, on peut soit mélanger les deux familles, afin qu'elles fassent connaissance, soit séparer les familles qui restent entre elles, heureuses (ou moins heureuses) de se retrouver à cette occasion, en les panachant avec des amis. À vous de choisir.

2. Le but recherché

C'est que tous passent une bonne soirée et se souviennent avec émotion de votre mariage. Pour cela, placez les invités en fonction de leurs affinités, afin qu'ils aient des sujets de conversation communs.

3. La table d'honneur

C'est celle des mariés, en principe ovale. Ils se placent au centre, côte à côte, face à la salle, à côté d'eux leurs témoins, leurs frères et sœurs avec leurs conjoints. Alternez hommes et femmes, et ne séparez pas les couples mariés depuis moins d'un an.

4. Les tables des invités des parents

D'abord, confiez à vos parents le soin d'établir leurs propres plans de table avec leurs amis et les membres de la famille de leur génération (vos oncles, tantes, grands-parents, etc.) en leur indiquant le nombre et la forme des tables dont ils disposent (avec le nombre de couverts pour chaque table). Recommandez-leur de placer les personnes les plus âgées autour d'une table située loin de la sono, pour qu'elles ne soient pas gênées par le bruit.

5. Les tables de vos amis

La plupart de vos amis se connaissent probablement. Pas de problème avec eux, en principe. Et les autres ? Cherchez leurs centres d'intérêt communs (études, job, sport, hobbies…) et tentez de les regrouper par affinités.

6. Les tables des plus jeunes

Regroupez les ados à une même table, et les enfants jeunes à une autre table, à proximité de la sortie de la salle de réception pour qu'ils puissent se lever et aller courir sans déranger les autres tables ou dans une autre salle s'ils sont surveillés par une baby-sitter.

7. Le nom des tables

Les plans de table étant faits, nommez chaque table, en rapport avec le thème ou la région de votre mariage.

- *Vous aimez les voyages* : noms d'îles ou de villes (Saint-Martin, Guernesey, Rio, New York, Moscou...).
- *Vous êtes mélomanes* : noms de chansons d'amour ou de styles de musique (Tango, Salsa, Opéra... ou *Love me do...*).
- *Vous êtes fans de lecture* : noms d'auteurs classiques (Balzac, Flaubert) ou de policiers (Simenon, Agatha Christie...).
- *Vous adorez le cinéma* : noms de films culte (*West Side Story, Body Guard...).*

Prévoyez sur chaque table une affiche imprimée portant son nom.

Les galères du plan de table

Faire un plan de table est l'une des tâches les plus difficiles qui soit dans ce style de réception. D'une part, parce que tous les invités n'ont pas le même profil, d'autre part parce que le nombre de convives risque de bouger jusqu'au moment de la réception : l'un a loupé son avion, l'autre s'est foulé la cheville… Ce qui donne des situations difficiles à gérer. Et puis certains invités sont carrément difficilement casables.

- Les « boulets », membres de la famille qu'il a fallu inviter par politesse, mais qui sont imbuvables. Ne les imposez pas à vos amis, confiez-les à d'autres membres de la famille.
- Les ennemis jurés à la suite d'une vieille querelle. N'espérez pas trop les réconcilier en cette occasion. Placez-les loin l'un de l'autre.
- Les parents divorcés qui ne s'entendent pas : faites-les présider des tables différentes.
- Les allumeuses ou les incorrigibles dragueurs qui ne peuvent s'empêcher de papillonner. Mettez-les ensemble ou placez-les à côté de célibataires.
- Les invités qui ne répondent pas et sont injoignables. Tant pis pour eux.
- Les invités qui répondent non, mais qui changent d'avis la veille.
- Les invités qui vous demandent deux jours avant s'ils peuvent venir accompagnés de leur dernière conquête.
- Pour ces deux derniers spécimens, soit vous refusez tout net en risquant de vous fâcher définitivement, soit vous acceptez, sous réserve que le traiteur suive, et vous ramez pour leur trouver une place. Il est toujours prudent de prévoir la possibilité d'ajouter une petite table ronde.

8. Le repérage des invités

Pour que vos invités trouvent facilement leur table, deux solutions :

- Un chevalet (ou un story-board) à l'entrée de la salle représentant le plan de la pièce avec les tables nommées et les noms des invités, par ordre alphabétique, accompagnés du nom de la table. Le risque : un encombrement devant le chevalet au moment de passer à table.
- Une enveloppe remise nominativement à chaque invité, avec le nom de sa table. Inconvénient : il faut mobiliser du personnel pour la distribution.

☑ Vous écrivez les marque-places

Vous avez acheté le matériel nécessaire pour les marque-places : support, stylo. Inscrivez les prénoms des convives. Plusieurs portent le même prénom ? Ajoutez l'initiale du patronyme à la suite : Benjamin T et Benjamin D, par exemple. Rangez les marque-places dans une boîte en carton, placez-les avec les menus et les livrets de messe.

☑ Vous remettez les tenues des enfants d'honneur à leurs mères

Allez chercher les tenues des enfants, ou faites-les livrer chez vous et remettez-les aux mamans en leur recommandant de faire un essayage immédiatement, afin de vérifier qu'il n'est pas nécessaire de faire des retouches. En même temps, remettez une note précisant les modalités pratiques : heure de rendez-vous des enfants habillés avec leurs parents le jour J, disposition du cortège, rôle de chacun. Précisez aussi si vous avez prévu une baby-sitter pour s'occuper de ce joyeux petit monde, un menu enfant servi dans une salle à part à une heure donnée, et une chambre réservée aux enfants sous surveillance.

✓ Vous faites livrer votre robe

Pour la tranquillité d'esprit. Et pour le plaisir de l'admirer en cachette de votre homme, bien sûr. Gardez-la à l'abri sous sa housse et résistez à la tentation de l'essayer pour ne pas risquer de la froisser.

✓ Vous portez vos chaussures chez vous…

…avec chaussettes pour Monsieur et collants pour Mademoiselle, pendant 30 minutes chaque soir afin de les faire à votre pied. Attention de ne pas salir les souliers blancs. Talquez l'intérieur des chaussures pour que le port soit plus confortable. Si vous ressentez la moindre gêne, demandez au cordonnier de les assouplir.

✓ Vous allez chercher les alliances

Ce n'est pas urgentissime, mais il est préférable de ne pas attendre le dernier moment pour les prendre. Déposez-les sur le coussin d'alliances, enveloppez l'ensemble pour ne pas le salir et rangez-le avec les autres accessoires du mariage (menus, livrets de messe, marque-places)

Mademoiselle, vous faites couleur ou balayage

Tous les coloristes vous le diront : la couleur est au mieux de son éclat quinze jours après. C'est aussi le moment de rafraîchir votre coupe si elle en a besoin.

Les urgences de la quinzaine

Faire les plans de table, faire livrer votre robe et relancer les retardataires

Vos notes

Relance des invités retardataires

Confirmation nombre invités au traiteur

Plans de table

Marque places

Remise des tenues des enfants d'honneur

Livraison robe

Alliances

Coiffeur

Vos notes

Vos rendez-vous de la quinzaine

Vos notes de la quinzaine

J – 8 JOURS

Cette semaine-ci :

- ❑ Vous faites une dernière mise au point avec les prestataires
- ❑ Monsieur, vous vérifiez votre tenue
- ❑ Mademoiselle, vous préparez votre trousse à bijoux, votre trousse de toilette et un « kit de secours »
- ❑ Vous faites la check-list de tout ce que vous devez emporter
- ❑ Vous organisez une réunion avec vos témoins

Top chrono, le compte à rebours est vraiment commencé. Restez calmes mais concentrés.

☑ Vous faites une dernière mise au point avec les prestataires

Téléphonez au traiteur pour confirmer ou modifier le nombre de convives, assurez-vous que la voiture louée est bien prévue aux lieux et heures fixés, rappelez le DJ et le photographe.

☑ Monsieur, vous vérifiez votre tenue

Assurez-vous que tout est ok pour votre tenue. Inutile de stresser le matin du mariage parce que vous ne trouvez que des chaussettes de tennis dans votre placard, les autres étant dans le panier à linge sale. Placez tout sur un cintre sous housse plastique, y compris la cravate, chaussettes et chaussures bien cirées dans une boîte, boutons de manchettes si nécessaire.

☑ Mademoiselle, vous préparez votre trousse à bijoux, votre trousse de toilette et un « kit de secours »

Vous avez déjà pensé aux bijoux, peu nombreux et discrets, que vous allez porter avec votre robe de mariée (on se retrouve p. 98). Vérifiez qu'ils sont en bon état, nettoyez-les avec un chiffon doux si nécessaire, et placez-les dans des pochettes, à mettre dans votre vanity-case. Prévoyez aussi un déodorant performant, une petite bombe d'eau thermale.

Pour ne pas stresser si vous déchirez votre collant en le mettant, si vous marchez sur l'ourlet de votre robe, ou tout simplement si votre peau brille juste avant de partir pour la cérémonie, préparez un « kit de secours ».

À garder sous la main

Mettez dans une trousse ce qui peut vous dépanner en cas de besoin :

- un collant de rechange ;
- des mouchoirs en papier ;
- une boîte de talc ;
- du fil blanc et une aiguille ;
- des petits ciseaux ;
- des épingles de sûreté.

☑ Vous faites la check-list de tout ce que vous devez emporter

Notez ce dont vous aurez besoin sur le lieu du mariage : vos tenues de mariés, bien sûr, mais aussi vos vêtements de nuit et la tenue pour le lendemain. N'oubliez pas non plus tous les accessoires que vous avez préparés pour la cérémonie et la réception : menus, livrets de messe, marque-places, etc.

☑ Vous organisez une réunion avec vos témoins

Expliquez à chacun de vos témoins son rôle : comment entrer dans l'église (on se retrouve p. 226), qui lira quels textes pendant la cérémonie (vous leur en remettez une copie afin qu'ils puissent les lire au moins une fois avant leur prestation), qui aura la mission de renseigner les invités égarés, qui portera la trousse de maquillage de la mariée, qui aura dans sa voiture le parapluie blanc qui abritera les mariés en cas de pluie à la sortie. Donnez-leur rendez-vous quinze minutes avant le début de la cérémonie devant l'édifice.

Si vos témoins ne sont pas sur place, envoyez-leur un mail pour la distribution des rôles.

L'urgence de la semaine

Les vérifications des tenues

Vos notes

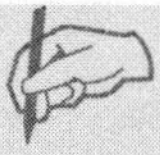

Contacts prestataires

Tenue du marié

Trousse à bijoux

Trousse de toilette

Kit de secours

Check-list des accessoires à emporter

Vos notes

Vos rendez-vous de la semaine

Vos notes de la semaine

J – 2 JOURS

Aujourd'hui :

- ❑ Monsieur, vous allez chez le coiffeur
- ❑ Mademoiselle, vous allez chez l'esthéticienne
- ❑ Vous préparez vos valises pour le voyage de noces
- ❑ Mademoiselle, vous préparez votre pochette de maquillage
- ❑ Vous vous reposez

☑ Monsieur, vous allez chez le coiffeur

Vous aurez trop à faire le matin de votre mariage pour prendre le temps d'aller chez le coiffeur. Allez-y aujourd'hui.

☑ Mademoiselle, vous allez chez l'esthéticienne

Faites-vous épiler (jambes, aisselles, maillot) et faites un dernier soin du visage avec gommage et masque hydratant pour avoir une peau douce et lisse. Consacrez un peu de temps aussi aux soins des pieds, afin de pouvoir bien supporter vos chaussures, avec pose de vernis pour être belle sur toute la ligne.

☑ Vous préparez vos valises pour le voyage de noces

Vous n'aurez plus qu'à les boucler au moment de partir. Joignez la pochette contenant les papiers, les billets d'avion, etc.

☑ Mademoiselle, vous préparez votre pochette de maquillage

Il sera nécessaire de faire des retouches de maquillage au cours de la journée ; placez vos produits dans une pochette que vous confierez à votre mère ou l'une de vos témoins. Placez-y un tube d'anticernes, de la poudre compacte, un bâton de rouge à lèvres, un gloss et quelques cotons-tiges pour effacer les traces de rimmel.

☑ Vous vous reposez

C'est souvent la veille ou l'avant-veille de la cérémonie que le stress monte et que l'on imagine le pire, l'avalanche d'impondérables qui risquent de tout gâcher. Efforcez-vous de chasser ces idées noires, mais soyez prudents : faites le plein d'essence de votre voiture avant de partir sur le lieu de la cérémonie ! Prenez un bain chaud, faites un sauna ou un hammam, passez-vous un DVD distrayant, jouez au sudoku, bref détendez-vous.

Les urgences du jour

Aller chez l'esthéticienne, préparer les valises du voyage de noce et se reposer

Vos notes

Coiffeur de Monsieur

Esthéticienne de Mademoiselle

Valise voyage de noces

Vos notes

Vos rendez-vous

Vos notes

J – 1 JOUR

Aujourd'hui :

- ❑ Vous allez chercher les jaquettes
- ❑ Vous vous mariez à la mairie

Les heures vont passer à une vitesse folle. Ce n'est pas une raison pour vous affoler.

☑ Vous allez chercher les jaquettes

Si vous avez loué votre tenue, Monsieur, ainsi que celles de vos pères et de vos témoins, passez les chercher, ou demandez à l'un de vos proches de le faire pour vous. Vous déposez un chèque de caution au moment de prendre les vêtements. N'oubliez pas de demander un reçu. Ce chèque vous sera rendu lorsque vous rapporterez les vêtements. D'ailleurs, aurez-vous le temps de les rapporter vous-même le surlendemain de la fête ? Pensez à demander à l'un de vos proches de le faire pour vous si vous êtes déjà parti.

☑ Vous vous mariez à la mairie

Nous avons placé le mariage civil la veille de la cérémonie religieuse, car c'est une pratique courante. Bien sûr, vous pouvez vous marier à la mairie n'importe quand, un mois, trois mois, six mois, un an avant le jour J, en donnant un peu plus de convivialité à cette formalité. Si vous n'avez pas prévu de mariage religieux, la célébration civile représente le jour J, avec les préparatifs dont nous avons parlé tout au long de ce livre.

1. L'accueil de vos proches

Vous pouvez arriver ensemble un peu avant l'heure fixée pour le rendez-vous et accueillir vos proches dans le hall de la mairie. Sinon le marié, sa famille et ses témoins peuvent attendre la mariée qui arrive avec ses propres parents, frères et sœurs et témoins.

2. Le décor

Le mariage est célébré dans une salle de la mairie appelée salle des mariages, plus ou moins décorée selon les communes.

Le saviez-vous ?

Les portes de la salle des mariages doivent impérativement rester ouvertes pendant la cérémonie, qui est un acte public. Quiconque doit pouvoir accéder à la salle pour contester le mariage, avec un motif valable, bien sûr. Si les portes sont fermées, le mariage est nul. Ne craignez rien, les officiels y veillent.

3. L'officier de l'état civil

C'est le maire qui vous unit, ou l'un de ses adjoints, ceint du ruban tricolore qui personnalise ses fonctions de représentant de l'État.

4. L'entrée des futurs mariés

Les fiancés peuvent entrer ensemble, ou au bras de leurs parents respectifs. Ils se placent devant les deux fauteuils centraux du premier rang, le marié à droite de sa femme, leurs parents à leurs côtés ; la mère du marié à sa droite, le père de la mariée à sa gauche. Les témoins se placent devant les chaises indiquées par le personnel de la mairie. Tout le monde s'assied, puis se lève à l'arrivée du maire ou de son adjoint.

5. Le protocole de la cérémonie

L'officier de l'état civil souhaite la bienvenue, s'assure de l'identité des époux, et donne lecture des articles du code civil relatifs au mariage. Il demande aux époux le régime matrimonial qu'ils ont choisi et fait référence au notaire qui a reçu le contrat de mariage le cas échéant. Il reçoit ensuite le consentement de l'un et de l'autre, célèbre l'union, déclare que les époux sont, au nom de la loi, unis par le mariage. Il dresse aussitôt l'acte de mariage et le signe.

L'échange des alliances n'est pas prévu par la loi ; il a lieu traditionnellement à l'église, mais si votre union est seulement laïque, vous pouvez demander à échanger vos anneaux solennellement devant l'assemblée.

6. Le livret de famille

Les époux reçoivent des mains de l'officier de l'état civil le livret de famille qui comporte leur acte de mariage. Chaque naissance d'enfant (ou adoption) sera ultérieurement inscrite sur ce livret.

7. L'enveloppe pour les œuvres de la mairie

Certaines mairies organisent une collecte, ou laissent une corbeille pour que chacun y mette son obole. Mais il est de plus en plus courant que le marié remette discrètement une enveloppe avec un don pour les œuvres de la mairie à l'officier de l'état civil à la fin de la cérémonie.

8. La sortie des mariés

Ils sortent main dans la main ou bras dessus dessous, prêts pour les photos.

Riz banni

On ne jette plus de riz sur les marches des mairies, certaines personnes ayant fait de mauvaises chutes, on vous recommande les pétales de roses (de véritables pétales ou en papier, moins chers !).

9. La réception

Elle est intime et simple, en prévision de la fête du lendemain.

LE JOUR J

Le jour même :

- ❑ Monsieur, vous allez chercher les fleurs
- ❑ Vous vous habillez, Monsieur
- ❑ Vous vous préparez, Mademoiselle

Vous vous réveillez sans trop y croire. Eh oui c'est aujourd'hui ! Si la cérémonie a lieu l'après-midi, tentez de ne pas vous lever trop tôt pour vous reposer le plus possible, et déjeunez léger.

☑ Monsieur, vous allez chercher les fleurs

Le bouquet de la mariée, ceux des demoiselles d'honneur et les boutonnières sont prêts chez le fleuriste. Allez les prendre et remettez-les à votre fiancée. Gardez une boutonnière pour vous, pour votre père et vos témoins masculins.

☑ Vous vous habillez, Monsieur

Faites-le environ trente minutes avant de partir pour la cérémonie. Que vous portiez un costume ou une jaquette, ne remplissez pas vos poches pour ne pas faire de bosses disgracieuses ; prenez juste vos papiers d'identité et les enveloppes prévues pour les officiants. Mettez votre chéquier et vos cartes de crédit en lieu sûr. Oubliez votre portable pour aujourd'hui. Glissez les alliances dans votre poche dans leur écrin ou prenez le coussin d'alliance. Faites-vous véhiculer par un membre de votre famille jusqu'au lieu de la cérémonie.

Chacun de son côté

Vous vivez ensemble depuis longtemps, certes, mais il est d'usage, afin que le marié découvre la robe au dernier moment, que les mariés se préparent séparément. Mademoiselle, retournez chez vos parents pour la circonstance, ou bien demandez que l'on vous réserve une chambre, à l'hôtel, pour que vous puissiez vous isoler.

Vous vous préparez, Mademoiselle

Disposez tout ce dont vous avez besoin dans la même pièce : collants, chaussures, bijoux, coiffure. Vous êtes allée chez le coiffeur ce matin, vos ongles sont parfaitement manucurés, la maquilleuse vient de partir. Avant de passer votre lingerie et votre collant, pensez à talquer votre corps et vos pieds, surtout s'il fait chaud, pour éviter les irritations. Usez sans modération d'un déodorant antitranspirant qui empêche les traces d'humidité sur les vêtements. Poudrez votre cou et votre décolleté avec la poudre que vous avez utilisée pour votre visage, pour éviter les démarcations.

SOS bouton de dernière minute !

Ne le triturez pas en espérant le faire partir. Camouflez-le avec un peu de fond de teint bien estompé, ou mieux encore avec un crayon anticernes, poudrez et oubliez-le.

Avant de passer votre robe, prenez bien soin de donner libre cours à vos besoins naturels, après, l'entreprise sera plus difficile ! Faites-vous aider par votre mère, une sœur, une amie. Accrochez votre voile. Mettez vos bijoux, et passez votre bague de fiançailles à la main droite. Vous êtes prête.

☑ L'arrivée des mariés

Le marié arrive sur le lieu de la cérémonie avec sa famille et ses témoins et accueille les invités, qui prennent place dans l'église. Il reste sur le seuil avec son père et sa mère.

La fiancée, elle, arrive en voiture, celle que vous avez louée éventuellement, avec son père. Sa mère, sa famille et ses témoins la suivent. Les enfants d'honneur attendent la mariée sur le perron.

L'entrée dans l'église

Les témoins arrivent ensemble, après les invités, en cortège, par l'allée centrale et se dirigent vers les places qui leur sont désignées.

L'usage, dans le culte catholique, veut que le père du marié entre dans l'église au son de la musique d'entrée avec à son bras gauche la mère de la mariée. Le père du marié se place au premier rang à droite de l'allée, la mère de la mariée se place au premier rang à gauche.

Le marié entre ensuite avec sa mère qu'il embrasse au moment où ils se séparent. Il se place devant le fauteuil qui lui est réservé, à droite. Sa mère rejoint son époux.

Puis une ou deux minutes après, entre la mariée au bras de son père, entourée de ses enfants d'honneur. Elle embrasse son père qui rejoint sa femme et elle se place à côté de son mari. Les enfants d'honneur s'assoient dans le chœur, sur les indications du prêtre. La cérémonie peut commencer. Lorsque le marié ou les pères des mariés sont militaires, l'ordre est inversé : les femmes se placent à droite de l'homme (pour ne pas être gênées par le port de l'épée).

En l'absence de leurs parents...

... la mariée entre dans l'église au bras de son grand-père, d'un oncle, de son parrain ou de son frère, ou encore de l'un de ses témoins masculins, le marié au bras de sa grand-mère, de sa marraine, d'une tante, d'une sœur ou d'un de ses témoins féminins.

Parents divorcés

Le placement des parents divorcés dans l'église peut vous angoisser ; suivez les principes de savoir-vivre, ils existent pour vous simplifier la vie :

- ex-conjoints non remariés en bons termes : l'un à côté de l'autre ;
- ex-conjoints remariés en bons termes : la mère avec son conjoint au premier rang, le père avec son épouse au deuxième rang ;
- ex-conjoints remariés en situation conflictuelle : la mère au premier rang, le père au deuxième rang, leurs conjoints dans l'assemblée.

☑ La sortie de l'église

Les invités sortent et se placent en arc de cercle devant le parvis pour voir les mariés. Monsieur et Madame sortent de l'église en se tenant la main ou le bras, précédés par leurs enfants d'honneur. Les témoins leur jettent une pluie de pétales de roses. On applaudit et crie « Vive les mariés ». Les parents des mariés suivent en couples. On reste sur le parvis le temps de prendre les photos et les mariés montent dans leur voiture. Les invités les suivent jusqu'au lieu de réception.

La réception

Elle va durer une partie de la nuit.

1. Le cocktail

Les mariés saluent tout le monde, parlent avec les uns et les autres, posent pour les photos. Avec le sourire qui sied à la circonstance.

Le lancer du bouquet de la mariée

C'est une jolie tradition : à l'issue de la cérémonie, la mariée lance son bouquet en l'air, en étant de dos, à ses amies célibataires. Celle qui l'attrape se marie dans l'année, dit-on. Si vous voulez conserver votre bouquet, Madame, lancez un petit bouquet prévu pour la circonstance et conservez le vôtre en le faisant sécher tête en bas.

2. Le repas

Les mariés donnent le signal du repas en se plaçant à leur table. Les parents des mariés engagent les invités à passer à table et s'assurent que tout le monde a trouvé sa place. Pendant le repas, les mariés font le tour des tables. Les animations et les discours ont lieu à la fin du repas. Les premières peuvent être mises en scène par vos témoins, vidéo à l'appui, le plus souvent.

Qui fait un discours ?

Ce sont en général les pères des mariés ou les témoins, mais ceux-ci sont le plus souvent occupés par les animations. Le discours doit être bref, teinté d'humour et d'affection, relater brièvement le parcours des mariés, leur rencontre, avec des anecdotes amusantes, et conclure bien sûr par des vœux de bonheur, de succès et de fortune.

3. L'ouverture du bal

Le DJ entre en action : la soirée commence sur la musique que vous avez choisie. La mariée ouvre le bal avec son père. Tous deux sont seuls sur la piste pendant le premier air, sous les applaudissements des invités, puis le père cède la place à son gendre tout neuf.

Souriez, laissez-vous aller à votre bonheur. La vie vous appartient.

J +++++++

- ❑ Vous sélectionnez des photos
- ❑ Vous remerciez pour les cadeaux
- ❑ Vous faites nettoyer votre robe de mariée

Vous voici de retour de voyage de noces. C'est déjà fini. Après une année pendant laquelle vous avez consacré une grande partie de votre temps et de votre énergie à préparer votre mariage, vous êtes peut-être un peu désemparés. La vie quotidienne va reprendre le dessus.

☑ Vous sélectionnez des photos

Pour votre plaisir mais aussi, dans un premier temps, pour accompagner vos remerciements.

Un geste sympa

Si certains de vos invités proches de vous par le cœur n'ont pu assister à votre mariage, (grands-parents très âgés ou malades par exemple), envoyez-leur ou apportez-leur une bouteille de champagne avec quelques photos de vous.

☑ Vous remerciez pour les cadeaux

Reprenez tous les avis de cadeaux que vous avez reçus. Plusieurs possibilités : vous envoyez à tous ceux qui ont eu la générosité de vous offrir un cadeau une photo de vous deux, sur un carton, avec un mot imprimé, ou bien vous leur envoyez un mot manuscrit avec une photo d'eux avec vous. Ou encore vous faites imprimer des cartes de visite à votre nom (Alexandre et Sophie Dupont).

Dans tous les cas, si dans votre texte vous évoquez le cadeau offert, vérifiez bien sur l'avis.

Quelques idées de remerciements

Cher Monsieur, chère Madame, (aux amis des parents que vous connaissez peu ou pas)
Nous tenons à vous exprimer tous nos remerciements pour votre beau cadeau (ou votre participation à notre voyage de noces) qui nous a beaucoup touchés et nous vous adressons nos meilleures salutations.
Signature : Sophie et Alexandre

Cher Jérôme, chère Annie (aux amis des parents que vous connaissez bien)
Un grand merci pour votre générosité et pour votre présence auprès de nous le jour de notre mariage. Avec toute notre affection.
Signature : Sophie et Alexandre

Aux copains ? Vous n'avez pas besoin qu'on vous inspire, laissez aller votre imagination.

☑ Vous faites nettoyer votre robe de mariée

Quel que soit l'usage que vous comptiez en faire dans l'avenir, faites nettoyer votre robe. Vous la conserverez sous sa housse ou pliée dans un carton ou bien vous vous déciderez à la transformer, ou vous résoudrez à la vendre. Dans tous les cas, il est préférable de ne pas attendre pour la confier au teinturier.

CARNET D'ADRESSES

A

Accessoires de mariage
www.dragees.fr
www.lanatureenbouquet.com
www.mariage-deco.com
www.pointmariage.com
www.le-mariage.com

Animations
www.témoins-de-mariage.com
www.mariage-animations.fr
www.mariage.net

C

Champagne
Pour visiter les caves de champagne
www.champagne.fr

Coiffure
Pour prendre des idées de coiffures de mariées
www.cyber-coiffeur.com
www.mariée.fr

D

Dépôt-vente de robes de mariée
www.graine-de-coton.com
Fortunée 11, rue Pache 75011 Paris
www.ohmyrobe.fr

www.fortunée.fr
www.leboudoirdelamariee.fr

F **Faire-part en ligne**
www.clicpostal.com
www.faire-part-en-ligne.com
www.mariage.fr
www.monfairepart.com
www.fairepart.com
www.carteland.com

G **Gospel**
www.fitiavana.fr
www.bellintone.com
www.gospelchurch.fr
www.gospel.free.fr

H **Housses de chaise**
www.decochaise.fr
www.lamaisondetiti.fr
www.mariage-discount.fr

I **Impression en ligne**
www.logiprint.fr
www.vistaprint.fr

L **Lieu de réception**
www.guidedessalles.com
www.1001salles.com
www.leshotelsparticuliers.com

www.symbolesdefrance.com

Listes de mariage
www.ameliste.fr
www.listes.printemps.com
www.1001listes.fr
www.millemercismariage.com

Location de jaquettes
www.le-cor-de-chasse.fr
www.jjloc.fr
www.lesdeuxoursons.com

Location de matériel
Aktuel
www.aktuel-rent.com

Catillon
www.catillon.fr

Décochaises
www.decochaise.fr

Options
www.options.fr

Location TVM
www.locationtvm.fr

Locvaisselle
www.locvaisselle.com

M

M&M's personnalisés
www.mymms.fr

Menus
www.mariage.fr
www.a-imprimer.com

N

Notaire
www.notaires.fr

O

Orchestre
Jazzbang
Tél. : 01 48 59 42 65
www.jazz-bang.com

www.misterlive.fr
www.jazzmariage.fr
www.animationjazz.com

P

Papeterie
L'Art du Papier Montparnasse
48, rue Vavin 75006 Paris
Tél. : 01 43 26 10 12

L'Art du Papier Opéra
16, rue Daunou 75002 Paris
Tél. : 01 42 61 70 64

L'Art du Papier Nation
197, boulevard Voltaire 75011 Paris
Tél. : 01 43 67 87 11

L'Art du Papier Villiers
17, avenue de Villiers
75017 Paris
Tél. : 01 46 22 89 66
www.art-du-papier.com

Papeterie Trait
www.trait.fr

R

Raccompagnement des invités
Izydrive
www.izydrive.com
0820 00 04 18

www.roulons-autrement.com
www.driveangel.com

Robe de mariée
www.pronovias. fr
www.pronuptia.fr
www.zelia.net
www.tati.fr

T

Tampons à gaufrer
www.tootampon.com
www.webtampons.fr

Timbres personnalisés
www.timbrecom.fr
www.timbre-mariage.com
www.laposte.fr/Montimbramoi

www.identytimbre.com
www.timbre-personnalisé.net

Tenues de cortège enfants
www.edelweissparis.com
www.cyrillus.com
www.lespetitsinclassables.com
www.carrefour-ceremonie.com

V **Voitures de location**
biribin
www.biribinlimousines.fr
0820 20 08 99
Limousines classiques, minibus et mini-van

classic rent
www.classic-rent.fr
0811 09 29 01
Tous véhicules, bus à plateforme, calèches, coccinelles, modèles classiques et anciens

dream car
www.dreamcar.fr
06 60 91 81 83
Rolls Royce, Bentley, Excalibur

W **Wedding planner**
Pièce Montée 0810 205 811
www.piecemontee.com
Paris/Touraine/Côte d'Azur

mylae 01 74 30 03 11

www.mylae.fr
Paris province

Bliss Mariages
www.bliss-mariages.fr
Bordeaux et sa région

Alchimie originelle
www.alchimieoriginelle.com
Côte d'Azur, Provence

Waïmea concept 06 19 59 34 95
www.waimea-concept.com
Île Maurice

Amarillys and you
www.amaryllisandyou.blogspot.fr
Nantes et le grand Ouest

Wedding and Co
www.weddingandco.com

Association des organisateurs de mariages
www.assocem.org

Union des organisateurs de mariages
www.udon.fr

INDEX

J

K

L

M

N

O

P

TABLE DES MATIÈRES

UN SUPPLÉMENT OFFERT !

Pour compléter votre lecture, retrouvez en bonus trois tableaux à remplir directement sur Excel et suivre ainsi, pas à pas, toute l'organisation de votre mariage.

Pour cela, scannez ce code

ou rendez-vous sur la page :

http://blog.editionsleduc.com/checklist-mariage.html

Achevé d'imprimer en Espagne
par BlackPrint CPI Ibérica S.L.
Sant Andreu de la Barca (08740)
Dépôt légal : avril 2015